齋藤 孝

これでカンペキ！

マンガでおぼえる 四字熟語

岩崎書店

はじめに

この本を手にとったみんなは、今、どんな四字熟語《よじじゅくご》を知っているだろう。

いくつくらいの四字熟語がいえるかな。

漢字《かんじ》がとくいな人は、もういくつか頭にうかんでいるかもしれない。漢字が苦手《にがて》な人は、「四字熟語なんてむずかしい」「おぼえられない」とあきらめてしまうかもしれない。

四字熟語はおぼえなくてもだいじょうぶ！

四つの漢字のくみあわせにはちゃんとストーリーがあって、それを知れば、おぼえなくてもわかるようになるんだ。

四字熟語のいいところは、声にだしていってみるとカッコイイこと。友だちや大人のまえでつかうと、「頭よさそう！」「すごい！」とキミの評価《ひょうか》は急上昇《きゅうじょうしょう》！

この本では、四字熟語の漢字のストーリーや、家とか学校でのうまいつかいかたを、マンガといっしょにわかりやすく説明《せつめい》しているんだ。ついでに勉強にも役立つように、中学受験《ちゅうがくじゅけん》にでやすいものをあつめているよ。

四字熟語は、ちょっと見方をかえるだけで、悪い意味《いみ》がいい意味にかわったりすることもある。

そんなおもしろさがあるのも特徴《とくちょう》のひとつ。

さぁ、カッコよくておもしろい四字熟語のスタートだ！

この本に登場する人たちのしょうかい

山田さんの
ママ

山田さん
(小4)

かけるくん
(小4)
はんこう期

つばさくん
(小4)
サッカー少年

ひろくんかぞく

ひろくん
(小4)

ひろくんの
パパ

ひろくんの
ママ

ひろくんの
おじいちゃん

先生たち

齋藤先生

学校の
たんにんの先生

学校の
体育の先生

サッカーの
かんとく

もくじ

Chapter 1 カンタン四字熟語

Chapter 2

頭よさそう四字熟語

Chapter 3 おとなもびっくり四字熟語

Chapter 1

カンタン四字熟語

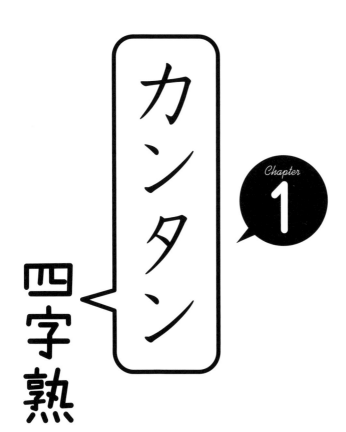

意《い》気《き》消《しょう》沈《ちん》

つらくかなしいできごとのせいで、
きもちがおちこんでしまうこと

【いみ】

あまりにかなしくて、「意欲《いよく》（＝やる気）」や「気持《きも》ち」が「消《き》」えてなくなってしまうくらい、「沈《しず》」んだようになってしまうという意味《いみ》。四字熟語《よじじゅくご》は四つの漢字《かんじ》それぞれに意味があって、四つが合体《がったい》することでできあがっているんだ。

【つかいかた】

「このあいだのテストができなくてさぁ……」
「だから意気消沈《いきしょうちん》してたんだね」

ボクは大学受験《だいがくじゅけん》に失敗《しっぱい》した十八歳《さい》のとき、おもいっきり**意気消沈《いきしょうちん》**したよ。そのときは、とことんおちこもう、ときめたんだ。だって、「もうこれ以上《いじょう》、おちこめない」というところまでおちたら、あとはあがっていくしかない。とことんおちこんだほうがはやく立ちなおれるんだ。

いつまでも意気《いき》消《しょう》沈《ちん》してないで、まえをむいてがんばろう!

2

意《い》気《き》投《とう》合《ごう》

おたがいのきもちや意見《いけん》が
ぴったりあうこと

【いみ】

はじめてあった人となかよくなるには時間がかかるもの。でも、たまたま「すきなもの」がおなじで、話がもりあがれば、いっきになかよくなれることがあるよね。それが**意《い》気《き》投《とう》合《ごう》**。そんなときはおもいきって「**意気投合**したね」といってみよう。もう「友だち」だ！

【つかいかた】

「ボクたち、なんだか気があうね！」「うん、きょうも意《い》気《き》投《とう》合《ごう》したね！」

なかのいい友だちの「すきなもの」をおもいうかべてみよう。そのなかには、キミもすきなものがいくつかあるだろう。なかのいい友だちとは、「そうそう、それすき！」というものがたくさんあるよね。だから、**意《い》気《き》投《とう》合《ごう》**することがたくさんあると、どんどんなかよくなれるんだ。

意《い》気《き》投《とう》合《ごう》すると、友だちがどんどんふえるよ！

2

異《い》口《く》同《どう》音《おん》

みんなが口をそろえて
おなじこと・おなじ意見をいうこと

【いみ】

「異口《いく》」はいろんな人の口のこと。「同音《どうおん》」は声をそろえていうこと。いろんな人たちの意見《いけん》がおなじになるということだ。ふだん、人はみんなべつべつのことを考えているのに、たまたまおなじことを考えることがあるんだね。

花田3兄弟っス。
1
2
3
夕《ゆう》ごはんはなにたべたい？
1

【つかいかた】

「テスト、イヤだなあ」「テスト、イヤだなあ」「みんな異口同音《いくどうおん》になげいているね」

あそんでいるときに、「てつぼうやろうか」って友だちがいって、自分《じぶん》もまったくおなじことを考えていて、声がそろっちゃったこと、あるよね。びっくりするやらおもしろいやら、おもわず顔《かお》をみあわせてわらっちゃうよね。そう、**異口同音《いくどうおん》**って、みんなのきもちがおなじになるということなんだ。

異口同音《いくどうおん》は気があうしょうこだ！

2

以《い》心《しん》伝《でん》心《しん》

ことばにしなくても
きもちや考えがあいてにつたわること

【いみ】

もともとは「心を以《も》って心を伝《つた》える」という意味《いみ》で、ことばじゃなく、心で会話《かいわ》してわかりあうということ。「いわなくてもわかる」という、心と心のつながりをたいせつにしてきた日本人にぴったりのことばなんだ。

【つかいかた】

「あそこをせめれば点《てん》がとれるよ」
「おなじこと、おもってた。以《い》心《しん》伝《でん》心《しん》だね」

野球《やきゅう》やサッカーみたいにチームでたたかうスポーツは、試合中《しあいちゅう》に「オレは右に走るから、左がわをまもってくれ」とか、「オマエのところになげるから、まっててくれ」なんていちいちいわれなくても、チームメイトがそうおもってくれているだろうとかんじることがある。これぞ、まさに**以《い》心《しん》伝《でん》心《しん》**だ。

なかよしの友だちほど以《い》心《しん》伝《でん》心《しん》でわかりあえるよ！

2

一《いっ》喜《き》一《いち》憂《ゆう》

状況《じょうきょう》や場面《ばめん》がかわるたびに
喜《よろこ》んだりかなしんだりすること

【いみ】

ことばの意味《いみ》は「一つの喜びに対して、一つのかなしみがある」ということ。喜びとかなしみは交互《こうご》にあらわれるということから、一つひとつに喜んだりかなしんだりして、ふりまわされるという意味もあるよ。

【つかいかた】

「このあいだはできたのに、きょうはダメだった…」「一喜一憂《いっきいちゆう》しないで、またがんばろうよ」

なにか悪いことがあると、「悪いことがつづくかも」とか、「自分は運《うん》がわるいからダメだ」とおもってしまうかもしれないけど、そんなことはない。一喜一憂《いっきいちゆう》しながら、喜《よろこ》ぶこととかなしむことのそれぞれをあじわえることがだいじなんだよ。悪いことがあれば、かならず、いいことがまってるから。

一喜一憂《いっきいちゆう》するより、いいことをいっぱいさがしてみよう！

一所懸命《いっしょけんめい》

ひとつのことに全力《ぜんりょく》をつくしてがんばること

【いみ】

「一つの所に命《いのち》を懸《か》ける」という意味《いみ》。昔の人は、自分のたった一つの土地を必死《ひっし》にまもって生活したという話がもとになっているんだ。一つだからこそ、命を懸けるほどがんばることができる。「一生懸命《いっしょうけんめい》」とかくこともあるから、おぼえておこう。

【つかいかた】

「お花のせわがかかりだから、ちゃんとしないとね」

「えらいなあ。いつも一所懸命《いっしょけんめい》だね」

「ひっしにがんばる」という意味のことばはたくさんあるけれど、**一所懸命**《いっしょけんめい》がいちばんつかわれているんじゃないかな。「がんばる」といっても勉強もスポーツも全部がんばるのはむずかしいよね。そのときにできることを一つずつ、がんばればいいんだ。一つできたら、そのつぎをがんばる、というふうにね。

一つずつ一所懸命《いっしょけんめい》やれば、だいじょうぶ！

2

一《いっ》心《しん》不《ふ》乱《らん》

ほかのことに気《き》をとられずに
ひとつのことに熱中《ねっちゅう》すること

【いみ】

「一心《いっしん》」は、一つに集中《しゅうちゅう》した心のこと。「不乱《ふらん》」はなにも乱《みだ》されないこと。そこから、わきめもふらずに一つのことに集中して、ほかのことは気にしないという意味《いみ》になった。漢字《かんじ》をみても、声にだしていってみても、スゴク熱中《ねっちゅう》しているかんじがつたわってくるよね。

1

【つかいかた】

「ユウキくんに声かけたのに、
気づかないんだよ」
「一心《いっしん》不《ふ》乱《らん》に勉強
しているからだよ」

一つのことに集中《しゅうちゅう》しつづけていると、だんだんと自分のなかに「芯《しん》」ができてくる。不安《ふあん》になったり、自《じ》信《しん》をなくすようなことがあっても、この「芯」があればなんとかなるというおまもりのようなもの。これは、**一《いっ》心《しん》不《ふ》乱《らん》**に一つのことをがんばった人だけがもてるものなんだ。

一《いっ》心《しん》不《ふ》乱《らん》にやったことは、かならずキミの力になるよ！

2

一《いっ》石《せき》二《に》鳥《ちょう》

一つのことをして二つのものを手にいれること

【いみ】

もともとのことばの意味《いみ》は、「一つの石で二羽《にわ》の鳥をつかまえること」。はじめから二羽つかまえようとするのではなく、石をなげたらたまたま二羽つかまえちゃったというかんじ。だから「ラッキー」なかんじがするんだね。

1

【つかいかた】

「美容《びよう》パックしながら、そうじしようかしら」
「おかあさん、まさに一石二鳥《いっせきにちょう》だね！」

たとえばそうじ当番《とうばん》。教室をきれいにするだけじゃなく、ほかにいいことはないかをさがしてみると「うでと足をきたえる」こともついでにできそうだ。こんなふうに、二つのことがいっしょにできることを、まさに一石二鳥《いっせきにちょう》というんだ。それにがんばってやれば「ありがとう」と感謝《かんしゃ》もされて気分もいいね。

なにかをするときには、一石二鳥《いっせきにちょう》をねらってみよう！

2

一《いっ》長《ちょう》一《いっ》短《たん》

どんなことでも
よい面《めん》とわるい面があり、
完全《かんぜん》なものはないということ

【いみ】

「長」と「短」は「長所《ちょうしょ》」「短所《たんしょ》」ということばもあるように、「よい」「悪い」という反対《はんたい》の意味としてもつかわれるんだ。一つがよくて、一つが悪いとしたら、どっちもどっち。両方《りょうほう》あるんだから、どっちかだけにはきめられないということ。

山田です！
えー、わたしの
長所は、小さいこと
を気にしないこと。
短所は、
ズボラな
ところです！
1

【つかいかた】

「やさしくて、おおらかなんだけど、だらしないんだ、うちのおとうと」

「人の性格《せいかく》は一長一短《いっちょういったん》だね」

ものごとにはいい面と同時《どうじ》に悪い面もあって、完全ではないというのは、人にもいえること。だれにでも長所《ちょうしょ》（いい面）と短所《たんしょ》（悪い面）があり、**一長一短**《いっちょういったん》なんだ。友だちを見るとき、長所を見るようにするとたのしくつきあえるね。自分の短所は、長所をのばすようにすれば、めだたなくなるよ。

だれだって一長一短《いっちょういったん》あるんだから、気にしないこと！

2

我《が》田《でん》引《いん》水《すい》

自分の都《つ》合《ごう》のいいように
ものごとをすすめること

【いみ】

「我《が》」は自分のこと。「我（＝自分）」の「田んぼ」に「水」を「引《ひ》く」というのが、このことばのもともとの意味《いみ》。人の田んぼに水をあげないで、自分の田んぼにばかり水をやるようにする。なんでも自分がいいようにしてしまうということだね。

【つかいかた】

「そのやりかた、ちょっと自分勝手《じぶんかって》じゃないか！」「ごめん、我田引水《がでんいんすい》だったね」

給食当番《きゅうしょくとうばん》だからって、たべたいだけたべられるわけはないよね。なのにいろんな理由《りゆう》をつけて、強引に自分の量《りょう》を多くしたら、「それは**我田引水《がでんいんすい》**！　自分一人がとくするなんて、ダメだよ」といわれてしまう。自分勝手はやっぱりゆるされないね。

我田引水《がでんいんすい》ばかりだと、ジコチューっていわれるよ！

2

危《き》機《き》一《いっ》髪《ぱつ》

あとすこしでたいへんな事態《じたい》がおこりそうだったのを、ギリギリでさけること

【いみ】

「髪《かみ》の毛一本」ほどの差《さ》で、「危機《きき》（たいへんなこと）」にあわずにすんだという意味《いみ》。ちょっとでもズレたらあぶなかったけど、ギリギリでたすかったというときにつかうことばだね。「危機」を「一発《いっぱつ》くらった」という意味じゃないから、気をつけよう。

1

【つかいかた】

「あやうく、ぶつかるところだったよ」
「それはたいへん危機《きき》一髪《いっぱつ》だったね」

たおれそうな花びんをとっさに手でおさえた、とんできたボールをさっとよけたなど、とっさの行動《こうどう》でピンチをのがれるのが**危機《きき》一髪《いっぱつ》**。「花びんがたおれそうだから、あぶないですよ！　気をつけて」と予告《よこく》されれば問題《もんだい》ないけれど、ピンチというのは予告なしにきゅうにやってくるものだ。

危機《きき》一髪《いっぱつ》でピンチをきりぬけるには、判断力《はんだんりょく》がだいじ！

2

起《き》死《し》回《かい》生《せい》

絶望的《ぜつぼうてき》だった状況《じょうきょう》が、
奇跡的《きせきてき》によくなること

【いみ】

「死にそうな」ところから「起きあがって」、「生きる」ようになること。「回《かい》」はまた「生」がもどってくるというかんじかな。実際《じっさい》に体がおきあがるというのではなく、ゼッタイにダメだとおもっていたことが、奇跡《きせき》みたいによくなるというたとえにつかわれるね。

【つかいかた】

「にがてなさんすうができたから、こんどは合格《ごうかく》できそうだ」「いまこそ起死回生《きしかいせい》のチャンス！」

ボクは三十歳《さい》になっても無職《むしょく》だった。チャンスがこなくて、「もうダメだ」とおもったときにようやく大学の先生になれた。あのときあきらめていたら、今のボクはないとおもう。**起死回生《きしかいせい》**のチャンスはかならずくるから、キミもがんばろう。

「もうダメだ」というときこそ、起死回生《きしかいせい》のチャンスだ！

2

喜《き》怒《ど》哀《あい》楽《らく》

喜《よろこ》び・怒《いか》り・かな（哀《かな》）しみ・楽しみといった、人がもつあらゆる感情《かんじょう》のこと

【いみ】

人にはいろいろな感情《かんじょう》があるよね。うれしい・楽しいといったいい感情もあれば、かなしい・くやしいという感情もある。**喜《き》怒《ど》哀《あい》楽《らく》**と反対《はんたい》の感情をならべることで、人の感情のはばひろさをあらわしているね。

【つかいかた】

「あの人、わらったりおこったり、いそがしいね」
「喜怒哀楽《きどあいらく》がはげしいんだよ」

「あの人は喜怒哀楽《きどあいらく》のはげしい人だ」というのをきいたことがあるとおもう。これは感情《かんじょう》のメリハリが大きい人という意味《いみ》なんだけど、だれでもあてはまることだね。感情というのはしぜんにうまれてくるもの。うれしかったら喜《よろこ》ぶ、頭にきたらおこる、つらかったらかなしむ、ワクワクしたら楽しむほうがいい。

喜怒哀楽《きどあいらく》がはっきりしている人こそ、人間らしいんだ！

2

公《こう》明《めい》正《せい》大《だい》

公平《こうへい》でかくしごとがなく、どうどうとしているようす

【いみ】

「公明《こうめい》」はどちらもえこひいきせず、かくしごとがないこと。「正大《せいだい》」は正しくどうどうとしていること。

1

【つかいかた】

「あの生徒会長《せいとかいちょう》は、すばらしいよね」「公明正大《こうめいせいだい》だからしんらいできるよね」

生徒会《せいとかい》の会長《かいちょう》に立候補《りっこうほ》した人の演説《えんぜつ》をきいたことはあるとおもう。自分だけがよくなることばかり考えている人より、みんなのことや自分が関係《かんけい》ないことも考えている人のほうが、やっぱり**公明正大**《こうめいせいだい》だよね。

キミのクラスの友だちで、公明正大《こうめいせいだい》なのはだれかな？

孤《こ》軍《ぐん》奮《ふん》闘《とう》

味方《みかた》がいないなか、一人で必死《ひっし》にたたかうこと

【いみ】

「孤《こ》」は「孤独《こどく》」という意味《いみ》で、一人ぼっちということ。だから「孤軍《こぐん》」は、「一人ぼっちの軍《ぐん》（チーム・団体《だんたい》）」という意味。一人しかいないチームで、たくさんいるあいてチームとたたかうためにがんばっているという意味だね。

1

【つかいかた】

「あの人、一人でたたかっていてすごいな」
「孤軍奮闘《こぐんふんとう》してるね。がんばって!」

スポーツでも、あそびでも味方《みかた》がいないからといって、「**孤軍奮闘**《こぐんふんとう》も限界《げんかい》、もうダメだ、負けた」ときめつけずに、できるところまで一人でたたかってみる。もし負けるとしても、せいいっぱいたたかって負けるのと、すぐにあきらめて負けるのとでは意味がちがってくるんだ。さいごまでがんばろう。

孤軍奮闘《こぐんふんとう》でも、たたかうのがヒーローなのだ!

2

五《ご》里《り》霧《む》中《ちゅう》

ようすがわからず、
どうすればいいか
まったくわからないこと

【いみ】

「五里《ごり》」は距離《きょり》のことで約二十キロメートル。一里は約四キロメートルだ。つまり、二十キロ先まで霧《きり》でおおわれているくらい、なにも見えないこと。そこから、どうすればいいかまったくわからないという意味《いみ》になったんだね。

【つかいかた】

「なにから手をつけていいかさっぱりわからないよ」
「こまったね。まさに五《ご》里《り》霧《む》中《ちゅう》だね」

山のぼりでこまるのは、どの道をいけば頂上《ちょうじょう》にでるのか、まるでわからなくなったときだろう。まるで霧のなかの道をあるいているようなものだ。おなじように、むずかしすぎてチンプンカンプンな問題集《もんだいしゅう》をとくのも、まさに**五《ご》里《り》霧《む》中《ちゅう》**だね。そんなときはカンタンなものからはじめてみよう。

五《ご》里《り》霧《む》中《ちゅう》のときは、まずおちつこう！

2

言《ごん》語《ご》道《どう》断《だん》

ことばでいいあらわせないくらいひどいこと

【いみ】

「言語《ごんご》」はふつう「げんご」とよむけど、ここでは「ごんご」とよむから気をつけよう。イメージでいうと、「言語（＝ことば）」が道をあるいていたら、ピピーッと注意《ちゅうい》されて「ここから先はすすめません」と「断《ことわ》られる」かんじだね。ことばでいえないほど「ダメ」なことという意味《いみ》だね。

【つかいかた】

「友だちがわざとぶつかってきたんだ」「それでけがさせるなんて、言語道断《ごんごどうだん》だよ！」

ありえないことや、とんでもないこと、あまりにひどいことにたいして「それは言語道断《ごんごどうだん》だ」とつかわれる。もし、だれかがしたことを非難《ひなん》したいときがあったら、「ばか」「サイテー」でなく、「それは言語道断《ごんごどうだん》だね」といってみよう。

キミが「言語道断《ごんごどうだん》」とおもうことはなんだろう？

自《じ》画《が》自《じ》賛《さん》

自分《じぶん》のことや
自分のおこないを、
自分でほめること

【いみ】

「自画《じが》」は自分でかいた絵のこと。「自賛《じさん》」は、自分で自分の絵についての詩《し》や文章《ぶんしょう》をかくこと。昔はかいた絵に詩や文章をそえていたんだ。そこから、自分の作ったものややったことを自分でほめるという意味《いみ》になっていったんだ。

【つかいかた】

「やっぱり、ボクは絵がうまいなぁ」「おっ、自画自賛《じがじさん》してるね」

自画自賛《じがじさん》は人にいうんじゃなくて、自分にいってみよう。ひとりごとみたいに「オレって、なかなかすごいなぁ」って、いいつづけていると、だんだん自信《じしん》がついて、ほんとうにスゴイことができるようになってくる。自分のいいところをたくさんみつけて、自分をほめまくろう！

自画自賛《じがじさん》してみよう！

四《し》苦《く》八《はっ》苦《く》

うまくいかずに、
とても苦労《くろう》すること

【いみ】

もともとは仏教のことば。「四苦《しく》」は生《しょう》・老《ろう》・病《びょう》・死《し》。「八苦《はっく》」は「四苦」とすきな人とのわかれ、にくむ人とのであい、ほしいモノがえられない、ものに執《しゅう》着《ちゃく》する苦しみ。ものすごく苦しんでいることをつたえることばになっているんだ。

そっくりにかくのってむずかしい…。

1

【つかいかた】

「このもんだい、なかなかとけなくてさぁ」
「ずいぶん四苦八苦《しくはっく》しているんだね」

ボクも学生のときに論文《ろんぶん》をたくさんかかなくちゃいけなかったんだけど、最初《さいしょ》の一年間はなにもかけず**四《し》苦八苦《くはっく》**していた。苦しいやら、なさけないやらで、「なんでこんなことしなくちゃいけないんだ」とおもったよ。でも、そのおかげでようやくかけるようになった。苦労《くろう》にも意味《いみ》があるってわかったよ。

四苦八苦《しくはっく》してできたことは自信《じしん》につながるよ！

2

弱《じゃく》肉《にく》強《きょう》食《しょく》

強《つよ》いものが弱《よわ》いものを負《ま》かして、栄《さか》えること

【いみ】

これは、自然界《しぜんかい》や動物の世界での約束《やくそく》ごとだね。「弱いものの肉は、強いもののエサになる」ということ。ここから、弱いものは強いものに負けてしまう、強いものは弱いものを犠牲《ぎせい》にして、発展《はってん》するという意《い》味《み》になっていったんだ。

1

【つかいかた】

「動物《どうぶつ》は弱いものが強いものにたべられちゃうんだね」

「弱肉強食《じゃくにくきょうしょく》のせかいだからね」

アフリカの大草原《だいそうげん》はまさに**弱肉強食**《じゃくにくきょうしょく》の世界《せかい》だ。弱いものが犠牲《ぎせい》になって、より強いものが生きのびるという生存競争《せいぞんきょうそう》がくりひろげられている。

でも、ボクたち人間は目に見える力の強さだけでなく、運《うん》の強さ、心の強さなど目に見えない強さも身につけていきたいね。

くうかくわれるか、弱肉強食《じゃくにくきょうしょく》の世界はきびしい！

2

十《じゅう》人《にん》十《と》色《いろ》

すきなものや考えかたが、人それぞれちがうこと

【いみ】

人が十人いたら、十人とも、色（種類《しゅるい》）がちがうというのがもともとの意味《いみ》。そこから「みんなちがう」という意味が生まれてきたんだね。にている人はいても、だれひとりとしておなじ人はいない。それが個性《こせい》であり自分らしさなんだ。

1

【つかいかた】

「みんな、意見《いけん》がちがうんだね」

「人は十《じゅう》人《にん》十《と》色《いろ》だからね」

人は**十人《じゅうにん》十《と》色《いろ》**。いろんな人がいて、それぞれがいろんな考えをもっているからおもしろい。「ちがう」ってことをうけいれられるようになることは、自分の可能《かのう》性《せい》がひろがるということでもあるんだよ。

キミと「ちがう」人はキミがおもいもしないことを考えていたり、知っていたりして、おもしろい存在《そんざい》だよね。

みんなちがって、みんないい。それが十人《じゅうにん》十《と》色《いろ》だ！

2

取《しゅ》捨《しゃ》選《せん》択《たく》

たくさんのものを
いるものと
いらないものにわけること

【いみ】

「取捨《しゅしゃ》」は「取って捨《す》てる」こと。「選択《せんたく》」はえらぶという意味《いみ》で、「選」「択」のどちらの漢字《かんじ》もえらぶという意味なんだ。いるものはとっておいて、いらないものは捨てる。どちらかにちゃんときめることがだいじだね。

1

【つかいかた】

「ものがすてられなくて、かたづけられないよ」「取捨選択《しゅしゃせんたく》するのがだいじなんだよ」

かたづけがじょうずな人は、そうでない人となにがちがうとおもう？　大きなちがいは「いるものといらないものの区別《くべつ》がうまい」ということ。**取捨選択《しゅしゃせんたく》**するには「一年間一度もつかわなかったものは『いらない』」から捨てる、と捨てる基準《きじゅん》をきめること。そうじやかたづけをするまえに、基準づくりをしてみよう。

取捨選択《しゅしゃせんたく》するには、自分にとっての基準をきめよう！

2

針《しん》小《しょう》棒《ぼう》大《だい》

おおげさにいうこと

【いみ】

「小さい針《はり》」なのに、「大きい棒《ぼう》」みたいにいうこと。小さいことなのにものすごく大きいことのようにいうこと。ウソをつくこととはちがうんだね。**針小棒大**《しんしょうぼうだい》は、ほんとうのことなんだけど、話がおおげさになっていることをいうんだ。

【つかいかた】

「アイツ、なんか、話がおおげさなんだよなぁ」

「そうそう、いつも針《しん》小《しょう》棒《ぼう》大《だい》にいうんだよね」

うれしいことやびっくりしたことを、ついおおげさに話してしまうことはよくある。「十センチのクワガタをとった」のに、だれかに話すたびに、十五センチ、二十センチと大きくなっていたら、「あいつの話は**針《しん》小《しょう》棒《ぼう》大《だい》**だから、あやしい」といわれかねない。話をおもしろくしたいきもちはわかるけど、ほどほどにね。

場をもりあげたいときにも、針《しん》小《しょう》棒《ぼう》大《だい》はほどほどにね！

2

誠《せい》心《しん》誠《せい》意《い》

うそがなくて、まじめなきもちであること

【いみ】

「誠心《せいしん》」はうそのない心。「誠意《せいい》」はまじめな心。おなじような意味《いみ》のことばを二つかさねて意味を強めた四字熟語《よじじゅくご》だね。自分さえよければいいというきもちや人をだまそうというきもちをもたずに、まじめに人とせっすること。

1

【つかいかた】

「どうしよう、うえきばち、こわしちゃったよ」「誠心誠意《せいしんせいい》あやまればだいじょうぶだよ」

人にきもちをつたえるときにだいじなのは「ことば」よりも「しんけんさ」。どれだけ反省《はんせい》しているかは、ことばではうまくいえなくても、「しんけんさ」があれば、ちゃんとつたわるもの。どれだけ「悪い」とおもっているか、ことばとたいどで**誠心誠意《せいしんせいい》**、しめそう。

誠心誠意《せいしんせいい》いったことは、ちゃんとあいてにつたわるよ！

ほんとにごめんなさい！
2

大《たい》器《き》晩《ばん》成《せい》

若《わか》いときはめだたないけれど、時間をかけて実力《じつりょく》をつけて、年をとってからりっぱになるということ

【いみ】

「大きな器《うつわ》」は「晩《ばん》（晩ごはんの「晩」で、おそい時間をあらわす）」に「成《な》る（完成《かんせい》する）」ということ。小さい器は早く完成するけど、大きな器は作るのに時間がかかる。そこから、すぐには結果《けっか》がでないけど、時間がたってからすごい結果がでるという意味《いみ》。

【つかいかた】

「こんな点《てん》数《すう》で、このさきの勉強はだいじょうぶかしら」

「おかあさん、ボクは大《たい》器《き》晩《ばん》成《せい》だからあんしんして！」

すごいことやたいへんなことをなしとげようとする人ほど、その結《けっ》果《か》があらわれるまで時間がかかるものだ。だから、もし今キミが「なんでこんなこともできないの」といわれたら、「**大《たい》器《き》晩《ばん》成《せい》**だから」といえばいい。ただし、そのぶんまわりの期《き》待《たい》が大きくなるから気をつけよう?!　いや、期待にこたえられるよう、がんばろう！

大《たい》器《き》晩《ばん》成《せい》型《がた》は、あとになるほどのびるからだいじょうぶ！

2

他《た》力《りき》本《ほん》願《がん》

他人《たにん》の力にばかりたよって、
自分の力でやろうとしないこと

【いみ】

「他力《たりき》」はほかの人の力、「本願《ほんがん》」はほとけさまが民《みん》衆《しゅう》のためにいのってくれること。つまり、他人《たにん》やほとけさまばかりをあてにして、自分の力でがんばろうとしないことをいう。いいかえれば「無責任《むせきにん》」とおなじことだね。

1

【つかいかた】
「よし、こうなったらかみだのみだ！」「それって他力本願《たりきほんがん》じゃないの？」

受験生《じゅけんせい》は合格祈願《ごうかくきがん》に神社《じんじゃ》へ行って、「かみさま、どうか合格させてください」というけど、これも**他力本願**《たりきほんがん》のひとつだ。いのるだけでうかるはずはないけど、いのれば、かみさまが力をかしてくれるんじゃないか、とちょっと安心して、がんばれるものだ。たよりになるものをうまくつかうのも悪くないとおもう。

他力本願《たりきほんがん》ばかりでなく、自分でも努力《どりょく》してみよう！

2

単《たん》刀《とう》直《ちょく》入《にゅう》

まわりみちをせず、
ストレートにいいたいことをいうこと

【いみ】

「単《たん》」には一度とか一回という意味《いみ》があって、「単刀《たんとう》」は「刀《かたな》を一回ふること」。「直入《ちょくにゅう》」は「まっすぐに入ること」。もともとはたたかいのときに、まっしぐらに敵《てき》にむかって刀をひとふりしたということからきている。ここから、まわり道せずにはっきりいうという意味になったんだ。

1

【つかいかた】

「えーっと、いいにくいんだけど、その――……」「単《たん》刀《とう》直《ちょく》入《にゅう》にいってくれないと、わからないよ」

いいにくいことをいうときほど、「単《たん》刀《とう》直《ちょく》入《にゅう》にいうとね」とまずいってみるといい。本《ほん》題《だい》のまえにひと呼《こ》吸《きゅう》おけるし、あいても「なにかいいにくいことをいってくるのかな」って心の準《じゅん》備《び》ができるからね。「単《たん》刀《とう》直《ちょく》入《にゅう》にいっちゃうけど、すきなんです」といってみようか！

「単《たん》刀《とう》直《ちょく》入《にゅう》にいうと」とさいしょにいえば、イヤなこともいいやすい！

2

適材適所《てきざいてきしょ》

その人の能力《のうりょく》にあった仕事《しごと》や地位《ちい》をあたえること

【いみ】

やるべき内容に「適《てき》した人材《じんざい》」を「適した場所」に配置《はいち》すること。なにかをやるときに役割《やくわり》はいろいろあるけれど、やるべき内容《ないよう》（役割）と本人の能力《のうりょく》がおなじだと、よりいい結果が生まれるものなんだ。

1

【つかいかた】

「わたしは動物《どうぶつ》がすきだから、飼育係《しいくがかり》になったの」「まさに適材適所《てきざいてきしょ》だね」

みんなで一つのことをなしとげるためには、それぞれの役割《やくわり》は、得意《とくい》な人が担当《たんとう》するのがいちばんいい。そのほうが効率《こうりつ》よくできるし、いい結果《けっか》もでる。学芸《がくげい》会《かい》なら、家庭科《かてい か》が得意な人が衣装係《いしょうがかり》、力のある人は大道具係《おおどうぐがかり》になれば、まさに**適材適所《てきざいてきしょ》**だね。苦手《にがて》なことでもチャレンジしてみるのはだいじ。キミの可能性《かのうせい》はいろんなところにあるはずだ。

適材適所《てきざいてきしょ》なら、おもいっきり実力をはっきできるぞ！

2

得《とく》意《い》満《まん》面《めん》

ものごとがじょうずにできて、ほこらしげな顔をしているようす

【いみ】

ここでの「得意《とくい》」は、じょうずにできるという意味の「得意」じゃない。「望《のぞ》みがかなった（得《え》られた）」という意味の「得意」なんだ。「満面《まんめん》」は、顔全体にあらわれていること。おもったことがかなったうれしさが、表情《ひょうじょう》からあふれだしているようなイメージだね。

1

【つかいかた】

「おかあさん、きょうテストで一〇〇点とったよ！」

「やっぱり！　得意満面《とくいまんめん》のえみだから、わかったわ！」

校内《こうない》マラソン大会で一位になって、運動会《うんどうかい》のリレーで三人ごぼうぬきして、テストで一〇〇点とったら、おもわずえみがこぼれるよね。**得意満面《とくいまんめん》**は顔がうれしそうで、得意そうになっているというより、もう全身がよろこびにあふれているようなときにつかうことが多い。いいことがあったんだから、いいじゃない。

がんばってできたことは、得意満面《とくいまんめん》で報告《ほうこく》しよう！

2

独《どく》立《りつ》独《どっ》歩《ぽ》

人にたよらないで、自分の道をあゆんでいくこと

【いみ】

「孤独《こどく》」ということばがあるように、「独《どく》」には一人という意味がある。「一人で（自分の足で）立ち」、「一人で（自分の足で）あるく」というようなかんじだね。他人《たにん》をあてにしないで自分の力であゆんでいくというところから、その人独特《どくとく》のよさをもっているという意味《いみ》もあるんだ。

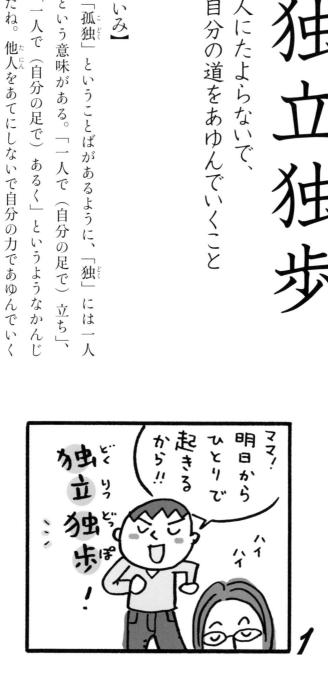

【つかいかた】

「おかあさん、ボクはきょうから なんでも自分でやるよ」
「わかったわ。独立独歩《どくりつどっぽ》をめざすのね」

ボクが学生のとき、自分にとってのベストな「勉《べん》強法《きょうほう》」というのがあった。それは、「勉強する」ときめた日に集中《しゅうちゅう》してやること。かぎられた日にしかやらないわけだから、必死《ひっし》にがんばったなあ。それでテストの点も悪くなかったから、**独立独歩**《どくりつどっぽ》でやってよかった、と今でもおもっている。

独立独歩《どくりつどっぽ》はおとなへの第一歩でもあるよ！

2

馬《ば》耳《じ》東《とう》風《ふう》

人のいうことをまったくきかないこと

【いみ】

中国からきたことば。中国では「東風《とうふう》」は、春がきたことをつげる風のこと。そんな心地よい風がふいているのに、馬はまったく興味《きょうみ》がなさそうなようすでいる。そこから、人からいわれることが耳にはいらず、まったくきこうとしないでいることの意味《いみ》。

【つかいかた】

「はいはい、わかったわかった」

「まったくもう、馬耳東風《ばじとうふう》なんだから！」

ボクが就職《しゅうしょく》できなくてなやんでいるとき、大学の先生や先輩《せんぱい》や友だちが心配《しんぱい》してアドバイスをしてくれた。でも、ボクは**馬耳東風《ばじとうふう》**だったから就職《しゅうしょく》できなかったんだよね。人のいうことにふりまわされるのはよくないけど、たいせつな人のいうことには、耳をかたむけるようにしよう。

馬耳東風《ばじとうふう》でいると、たいせつなことをききのがすから注意《ちゅうい》！

2

半《はん》信《しん》半《はん》疑《ぎ》

完全《かんぜん》に信じることができなくて、信じるきもちと疑《うたが》うきもちが半分ずつあること

【いみ】

これは漢字《かんじ》のとおり、「半分信じて、半分疑《うたが》っていること」。意味としては「半分ずつ」ということなんだけど、どちらかというと「疑っている半分」のほうのきもちが強い。「信じるきもちのなかに、疑うきもちがふくまれている」というかんじかな。

【つかいかた】

「二〇〇点とったらなんでもかってやるよ」「おとうさん、ほんとに? 半《はん》信《しん》半《はん》疑《ぎ》だなぁ」

おかあさんが「勉強《べんきょう》しないでテレビみていいわよ」といったら、なにかウラがあるんじゃないか、と疑うよね。**半《はん》信《しん》半《はん》疑《ぎ》**ってそういうきもち。意味としては、「ほんとうだとおもいたいけど、もしかしたらウソかもしれないから、信じるのは半分だけにしておこう」というかんじだね。

半《はん》信《しん》半《はん》疑《ぎ》のままにせず、ちゃんと確《かく》認《にん》してみよう!

2

不言実行《ふげんじっこう》

あれこれことばにしていわないで、だまって行動すること

【いみ】

「不言《ふげん》」は「言《い》わない」ということ。「なにも言わないで、だまって実行《じっこう》すること」がこのことばの意味《いみ》。そこから「(だまって実行《じっこう》する)すばらしい人」というかんじで、人をほめたたえるときにつかうことばにもなっている。

【つかいかた】

「いきなりできるようになるなんて、すごいよね」

「不言《ふ》《げん》実《じっ》行《こう》の人なんだね」

だれにもいわないでひとりでがんばるっていうのは、けっこうたいへん。応援《おうえん》してもらえないし、がんばっている自分をわかってもらうことができない。でも、できたときは大きな自信になるしパワーになる。それになんだか、カッコイイよね。

不言実行《ふげんじっこう》はすごいんだ。

ことばより行動でしめす不言実行《ふげんじっこう》は、カッコイイ!

2

付《ふ》和《わ》雷《らい》同《どう》

自分の意見《いけん》がなく、まわりの人の意見にながされること

【いみ】

「付和《ふわ》」は人の意見にカンタンについていくこと。「雷同《らいどう》」はカミナリがなるたびに反応《はんのう》するという意味《いみ》だから、やたらと人の意見に賛成《さんせい》すること。「付和」と「雷同」、おなじような意味がかさなってできた熟《じゅく》語《ご》だ。

【つかいかた】

「みんながいいっていってるから、これにしようかな」「えー、それじゃあ、付和雷同《ふわらいどう》だよ」

人のいうことをまったくきかないのもよくないけど、人のいうことばっかりきいているのもよくない。自分の意見《いけん》がなくて、人の意見をそのままうけとっているだけでは、キミがいる意味がなくなってしまうからね。まず「自分だったらどうだろう」と考えてみよう。そうすれば**付和雷同**《ふわらいどう》じゃなくなるよ。

自分の考えをしっかりもてば、付和雷同《ふわらいどう》を卒業《そつぎょう》できる！

2

無《む》我《が》夢《む》中《ちゅう》

なにかに夢中になって、ほかのことにきもちがむかなくなること

【いみ】

我《が》（＝自分）をなくして、夢のなかにいるような状《じょう》態《たい》。なにかに熱中《ねっちゅう》するあまり、まわりのことはもちろん、自分のことさえも気にかけなくなってしまうこと。一つのことだけに必死《ひっし》に取りくむということと、まわりを意識《いしき》しないという意味《いみ》がふくまれているんだ。

1

【つかいかた】

「あれ？　もうみんなかえっちゃったよ」
「そっか、無我夢中《むがむちゅう》で練習《れんしゅう》してたから気づかなかったよ」

ボクは学生のときテニスがすきで、毎日、無我夢《むがむ》中《ちゅう》で練習《れんしゅう》していたんだ。どんどんうまくなっていったし、キツイ練習もぜんぜんイヤじゃなかった。おかげであとで勉強がたいへんだったけど、無我夢中になるほどすきなことができたというのは、いい経験《けいけん》だった。すきなものがたくさんあるといいね。

ついついやりすぎるくらい無我夢中《むがむちゅう》になることってなにかな？

ボクのおやつは？
あんまりたのしそうだったから…もうないわよ！
えー

2

満《まん》場《じょう》一《いっ》致《ち》

そこにいるすべての人が、おなじ意《い》見《けん》になること

【いみ】

「満場《まんじょう》」は、その場を満《み》たしているすべての人々という意味。「一致《いっち》」は一つに到《いた》るという意味。だれ一人としてちがう意見《いけん》がでず、その場にいるすべての意見がおなじになるということだね。

1

【つかいかた】

「反対《はんたい》する人はだれもいなかったね」「うん、満場《まんじょう》一致《いっち》できまったね」

学級会《がっきゅうかい》で話しあいをするといろんな意見《いけん》がでてくるけれど、たまに、全員がおなじ意見になるときがあるね。よりよいこたえがみつかるように、ちがう意見がでてきたほうがいいこともある。でも、こうして**満場《まんじょう》一致《いっち》**できまると、みんなおなじきもちなんだ、となんだかうれしくなるね。

満場《まんじょう》一致《いっち》できまったことは、みんなで協力できるよ！

2

油《ゆ》断《だん》大《たい》敵《てき》

気をぬくとおおきな失敗《しっぱい》をしてしまうということ

【いみ】

これは漢字《かんじ》の意味《いみ》そのままで、「油断《ゆだん》することが、自分にとっておおきな敵《てき》になる」ということ。自分が気をぬいたり、注意《ちゅうい》をおこたったりすると、おおきな失敗《しっぱい》をしてしまうから気をつけよう、というおしえになっているんだ。

1

【つかいかた】

「こんなのカンタンとおもって、つい気をぬいちゃったよ」

「そんなときこそ、油断大敵《ゆだんたいてき》だよ」

「ウサギとカメ」のウサギは**油断大敵《ゆだんたいてき》**の超有名人《ちょうゆうめいじん》だ。ウサギのように「たいしたことない」って気をぬくことはだれにでもある。たとえば「年下のチームとの試合《しあい》だからぜったい勝《か》つ」とろくに練習《れんしゅう》もしなくて負けた、という経験《けいけん》はないかな。ウサギのように気をぬいたら、おおきな失敗《しっぱい》をするから気をつけよう。

ラクにできそうなときこそ油断大敵《ゆだんたいてき》、注意《ちゅうい》しよう！

2

臨《りん》機《き》応《おう》変《へん》

そのときどきで、その場にあった行動《こうどう》ができること

【いみ】

「臨機《りんき》」はその場にであうこと。「応変《おうへん》」はきゅうな変化《へんか》にきちんと対応《たいおう》すること。そこから、その場・その時にあったやり方でどんなふうにもできる、という意味《いみ》になったんだ。どんな力もうけながすようなしなやかさがだいじなんだね。

【つかいかた】

「四人だったら二人組、六人だったら三人組だね」「そうだね、人数によって臨機《りんき》応変《おうへん》にすればいいよ」

予想《よそう》していないことがおこっても、おちついて、今の自分にできることを考えてみるのがだいいじ。かならず、やるべきことやきりぬける方法があるはずだから。それがどんどんできるようになったらキミも**臨機《りんき》応変《おうへん》**の達人《たつじん》だ。

臨機《りんき》応変《おうへん》に対応できれば、なにがおきてもあんしんだ!

2

Column コラム

三字熟語もチェックしよう!

三つの漢字で意味をあらわす三字熟語

- 青《あお》二《に》才《さい》　わかくて、経験《けいけん》がすくないこと
- 音《おと》沙《さ》汰《た》　たより。ようすの知らせ
- 十《お》八《は》番《こ》　得意《とくい》な芸
- 間《かん》一《いっ》髪《ぱつ》　ぎりぎりで、あぶないところ
- 生《き》一《いっ》本《ぽん》　まじめなこと
- 金《きん》字《じ》塔《とう》　あとにのこるような業績《ぎょうせき》
- 下《げ》馬《ば》評《ひょう》　世間《せけん》の人がかってにするうわさ。評判《ひょうばん》
- 紅《こう》一《いっ》点《てん》　男の人の中に女の人が一人だけいること
- 直《じか》談《だん》判《ぱん》　ちょくせつ、あいてとはなすこと
- 守《しゅ》銭《せん》奴《ど》　お金をためることだけがたのしみな人
- 赤《せき》裸《ら》裸《ら》　かくしていることがないこと
- 善《ぜん》後《ご》策《さく》　うまく解決《かいけつ》するための方法

- 先《せん》入《にゅう》観《かん》　おもいこみ
- 致《ち》命《めい》傷《しょう》　死ぬ原因《げんいん》になるような傷《きず》
- 桃《とう》源《げん》郷《きょう》　平和で美しい理想《りそう》の世界《せかい》
- 登《とう》竜《りゅう》門《もん》　立身出世《りっしんしゅっせ》の入口となる、むずかしい関門《かんもん》
- 裸《はだか》一《いっ》貫《かん》　自分の体いがい、なにもないこと
- 破《は》天《てん》荒《こう》　だれもしなかったことをすること
- 不《ふ》如《によ》意《い》　おもうようにならないこと
- 分《ぶん》相《そう》応《おう》　その人の能力《のうりょく》にふさわしいこと
- 未《み》曾《ぞ》有《う》　今までに起きたことがないようなこと
- 門《もん》外《がい》漢《かん》　そのことについて専門《せんもん》でない人
- 野《や》次《じ》馬《うま》　おもしろ半分にさわぎたてること
- 老《ろう》婆《ば》心《しん》　必要《ひつよう》以上に世話《せわ》をやくこと

Chapter 2

頭よさそう四字熟語

悪《あく》戦《せん》苦《く》闘《とう》

くるしいときに、努力《どりょく》したりたたかったりすること

【いみ】

「悪戦《あくせん》」の「悪《あく》」というのは、よい・悪いの「悪」ではなく、「自分にとって勝ちめがない」という意味《いみ》。どんなにがんばっても勝てないかもしれないけど、できるかぎりのことをやってみるということ。がんばり屋さんのことだ。

【つかいかた】

「あんなに点差《てんさ》があったのに、よくがんばったよね」
「悪戦苦闘《あくせんくとう》したけど、がんばったかいがあったよ」

スポーツでも勉強でも、がんばっているときにあいてのほうができる、とわかったときはツライよね。でも、もうひとガンバリしてみたら、どうだろう。もしかしたら、すこしは勝《か》てる可能性《かのうせい》がでてくるかもしれない。「かなわない」とあきらめるか、**悪戦苦闘《あくせんくとう》**していつか勝てる日をむかえるかは、キミしだいなんだ。

悪戦苦闘《あくせんくとう》すると、心がつよくなるよ！

一《いち》網《もう》打《だ》尽《じん》

たくさんの悪いものや人をひとまとめにしてとらえること

【いみ】

もともとの意味《いみ》は、「いちど網《あみ》をかけただけで、おおくの魚をとりつくしてしまうこと」。そこから、「たくさんのものをいっぺんにぜんぶとらえること」という意味になった。悪いものをぜんぶつかまえるというかんじだね。

1

【つかいかた】

「さいきん、電車《でんしゃ》のなかでスリがおおいんだって」
「一網打尽《いちもうだじん》でつかまえられる方法はないのかなあ」

もし、床《ゆか》にがびょうをおとしてしまったら、キミならどうする。たとえば大きな磁石《じしゃく》で一気にすいよせたらどうだろう。強力なそうじきでガーッとすいあげたらどうだろう。**一網打尽**《いちもうだじん》というのは、「バラバラなおくのものを、どうしたら早くラクにとらえられるだろう」と知恵《ちえ》をしぼる頭の体操《たいそう》にもなるんだ。

一網打尽《いちもうだじん》にするには、アイディアもひつようだ!

2

奇《き》想《そう》天《てん》外《がい》

ふつうではおもいつかないような考《かんが》えや発想《はっそう》のこと

【いみ】

「奇抜《きばつ》（ふつうではないこと）」な「想《おも》い（考え）」で、「天《てん》」の「外《そと》」くらい、はるかかなたにあるようなこと。みんながおもいつかないようなことだから、「ふつうじゃなくてスゴイね」というい意味《いみ》と、「ふつうじゃなくてヘン」という意味の両方《りょうほう》がある。

1

【つかいかた】

「スケボーで日本一周できないかな」「それは奇《き》想《そう》天《てん》外《がい》な発想だね」

「こんどの夏休《なつやす》み、どこに旅行《りょこう》にいきたい？」ときかれたら、キミはなんてこたえるだろう。ディズニーランド、おばあちゃんのうち、沖縄《おきなわ》、ハワイかな。でも、「火星探検《かせいたんけん》」とか「北極大陸横断《ほっきょくたいりくおうだん》」もいいかもしれない。じっさいにはいけなくても、「火星にはなにがあるんだろう」「北極はどんな景色《けしき》だろう」と考えるだけでたのしくなるね。**奇想天外《きそうてんがい》**な発想《はっそう》ってたのしいね。

奇《き》想《そう》天《てん》外《がい》なことを考えていると、ワクワクしてくるよ！

2

疑《ぎ》心《しん》暗《あん》鬼《き》

疑《うたが》いのきもちがあると、なんでもないことまで不安になったり、あやしくかんじること

【いみ】

ことばの意味は、「疑う心」をもっていると、なにもみえないような「暗《くら》い」ところにも「鬼《おに》」がいるんじゃないかとおもってしまうということ。そうなると、なにもかも、だれもかれもがあやしくなる。自分の心がかってにあやしいとおもってしまうんだね。「疑《ぎ》心《しん》暗《あん》鬼《き》を生《しょう》じる」というのがもともとのいいかたなんだ。

【つかいかた】

「なんか、いつも人にみられているような気がするんだよね」「疑心暗鬼《ぎしんあんき》になっているんじゃない？」

「あの人、あやしい」「これもおかしい」と疑いはじめたらきりがない。そんな**疑心暗鬼《ぎしんあんき》**のままでは、人となかよくなれないし、せかいをせまくする。疑うまえに話しあってみたり、たしかめてみたら、キミのかんちがいだったりすることもあるだろう。

心の疑いぶかい鬼《おに》は「鬼は外！」とおいだそう。

疑心暗鬼《ぎしんあんき》になるのはやめて、あたらしいことにチャレンジ！

2

試《し》行《こう》錯《さく》誤《ご》

問題を解決《かいけつ》するために、
いろいろなことを試《ため》したり
失敗《しっぱい》したりしながらすすめていくこと

【いみ】

「試行《しこう》」はいろいろやってみたりチャレンジすること。「錯誤《さくご》」は失敗したりまちがえたり、うまくいかないこと。チャレンジ→失敗という「試行」と「錯誤」のくりかえしがあるからこそ、いつか成功《せいこう》するという意《い》味《み》だね。

1

【つかいかた】

「いろいろやってみることがだいじだね」「うん、試行錯誤《しこうさくご》しながらやればいいんだよ」

電気《でんき》を発明《はつめい》したエジソンは何百回《なんびゃっかい》も実験《じっけん》に失敗《しっぱい》した。でも、失敗するたびに「つぎはこうしてみよう」「こんどはここをかえてみよう」とちがう方法を試しつづけて成功したんだ。一度や二度の失敗であきらめていたらダメだよ。かなうまで**試行錯誤**《しこうさくご》しつづけていたら、いつかかならず成功《せいこう》するから。

試行錯誤《しこうさくご》するからこそ、人は成長《せいちょう》できるんだよ！

2

自《じ》業《ごう》自《じ》得《とく》

自分のした悪いおこないが原因《げんいん》で、悪いことが自分にふりかかること

【いみ】

仏教《ぶっきょう》からきたことばで、「業《ごう》」というのは「おこない、やったこと」。「自分」の「業（やったこと）」は、「自分」が「得《え》る（手に入れる）」というのが、このことばの意味《いみ》。もちろん、いいことをしたらいいことがかえってくるんだけど、悪い意味でつかわれることがおおい。

1

【つかいかた】

「てきとうにつくったら、すぐにこわれちゃった…」「それは自《じ》業《ごう》自《じ》得《とく》だよ」

ボクは中高生《ちゅうこうせい》のころはテニスばかりやっていて、勉《べん》強《きょう》はテスト前にやるくらいだった。高校《こうこう》三年生になっても「なんとかなるさ」とおもっていたんだ。でも、大学受験《だいがくじゅけん》をしたら不合格《ふごうかく》で浪人決定《ろうにんけってい》。すごくショックだったけど、テニスばっかりやっていたんだから**自《じ》業《ごう》自《じ》得《とく》**。そこからきもちをきりかえたよ。

キミが「自《じ》業《ごう》自《じ》得《とく》だ」とおもうことはなにかな?

順《じゅん》風《ぷう》満《まん》帆《ぱん》

なにもかもがうまくいくこと

【いみ】

帆《ほ》のついた船が、帆にたくさんの風をうけて、いきおいよく前にすすんでいくようす。そこから、うまくいくとか順調《じゅんちょう》という意味《いみ》になったんだ。「順風《じゅんぷう》」は前にすすみやすいようにふいてくる風のこと。「満帆《まんぱん》」は帆が風をたくさんうけていること。ちなみに、すすみにくくするのは「逆風《ぎゃくふう》」。

【つかいかた】

「ウチのおにいちゃんは、失敗《しっぱい》したことないんだ」

「へえ、うらやましい。順風満帆《じゅんぷうまんぱん》な人生《じんせい》だね」

いいことがあったら「たまたまだ」とか「どうせ今だけ」とおもわずに、「もっといいことがくるぞ！」とおもってみよう。連勝《れんしょう》している試合《しあい》で、つぎにすごい強豪《きょうごう》とたたかうことになっても、「ここまで**順風満**《じゅんぷうまん》**帆**《ぱん》に勝《か》ってきたんだから、ぜったいに勝てる！」とおもえるくらいに。

逆風にたえればかならず順風満帆《じゅんぷうまんぱん》なときがくる！

2

切磋琢磨《せっさたくま》

おたがいに競《きそ》いあい、はげましあって向上《こうじょう》すること

【いみ】

「切《せつ》」は石を切ること、「磋《さ》」はとぐこと、「琢《たく》」はたたくこと、「磨《ま》」はみがくこと。職人《しょくにん》さんが石をきれいに細工《さいく》するときのことばだ。ここから、努力《どりょく》してワザをみがいたり、自分の心を成長《せいちょう》させたりすることにつかうことばになったんだ。

1

【つかいかた】

「こんどの運動会《うんどうかい》、いい記録《きろく》をだそうな！」

「おたがい、切磋琢磨《せっさたくま》しながらがんばろう！」

短距離走《たんきょりそう》でタイムをはかるとき、一人で走《はし》るよりもおなじくらいのはやさのライバルと走るほうが、じつはいい記録《きろく》がでる。「あいてに勝《か》ちたい」「おいこしたい」とおもうことで、自分一人では発揮《はっき》できない力がでるからなんだね。この**切磋琢磨《せっさたくま》**しながらがんばる方法《ほう》はみんなにもオススメだね。

切磋琢磨《せっさたくま》すると、おたがいに成長《せいちょう》できるよ！

2

前《ぜん》人《じん》未《み》到《とう》

まだだれも達成《たっせい》していないこと。
到《とう》達《たつ》していないこと

【いみ】

「前人《ぜんじん》」は今よりまえの人たち、つまり過去《かこ》の人たちという意味《いみ》。「未到《みとう》」はまだたどりついていない（到《とう》達《たつ》していない）という意味。この二つをあわせた熟語《じゅくご》だ。スポーツとかで「**前人未到**《ぜんじんみとう》の大記録《きろく》」というのは、今まで世界中でだれもだしたことのないスゴイ記録のことだね。

【つかいかた】

「フルマラソンを1時間台で走《はし》ったらすごいよね」
「それは前《ぜん》人《じん》未《み》到《とう》だよ」

ボクは「体を使った教育《きょういく》」について研究《けんきゅう》したくて大《だい》学院《がくいん》にすすんだ。なやみながら勉強《べんきょう》しているとき、「この研究はだれもやっていないんだ」ということに気づいたんだ。そのときから、「このテーマでは自分がいちばんになれるかもしれない」と気がついて、ガゼンやる気がでてきたね。なにかでいちばんになりたいなら**前《ぜん》人《じん》未《み》到《とう》**のことにチャレンジしてみよう。

ちいさいことでも、なにか前《ぜん》人《じん》未《み》到《とう》のことをやってみよう！

カー
ペタ。
前人未到《ぜんじんみとう》ならず…

2

八《はっ》方《ぽう》美《び》人《じん》

みんなからすかれようとして、
みんなにいい顔《かお》をすること

【いみ】

「八方《はっぽう》」は自分の前後左右《ぜんごさゆう》すべての方向《ほうこう》のこと。もともとは「どの方向からみてもうつくしい」という意味《いみ》。そこから「だれにでもよくおもわれるようにふるまうこと」とか「ちょうしがいい」というふうに、皮肉《ひにく》っぽくつかわれるようになったんだ。

1

【つかいかた】

「みんなにすかれるのって、いいよね」
「でも、八方美人《はっぽうびじん》だったら、かえってきらわれるかもよ」

「あの人、**八方美人**《はっぽうびじん》だから」といわれたら、「ちょうしがよくて、ちょっと信用《しんよう》できない」といわれているとおもったほうがいいね。

だれにでも、いい顔《かお》をするのはよくないけど、それができるのもひとつの才能《さいのう》かもしれないね。ただし、やりすぎには注意がひつようだね。

きらわれたくないからって、八方美人《はっぽうびじん》になっていないかな？

2

平《へい》身《しん》低《てい》頭《とう》

体《からだ》をふせて頭《あたま》をさげて、ひたすらあやまること

【いみ】

「平身《へいしん》」は体をふせてかがめること。「低頭《ていとう》」は頭の位置《いち》を低《ひく》くすること。そこから、ほんとうにもうしわけないというきもちをあらわすために、ただひたすらあやまりつづけるという意味《いみ》になっていったんだ。

1

【つかいかた】

「おとうとがキミのおやつ、ぜんぶ、たべちゃったんだって?」
「そうそう、平身低頭《へいしんていとう》してあやまっていたよ」

時代劇《じだいげき》をみていると、地面《じめん》に頭をこすりつけて、あやまっている町人《ちょうにん》がよくでてくるよね。これ以上《いじょう》、さがりませんという姿勢《しせい》であやまるのが**平身低頭**《へいしんていとう》。ごめんなさいというきもちを全身《ぜんしん》であらわすということなんだ。ことばと体をつかってきもちをつたえると、さすがにあいてもゆるしてくれるかもしれないね。

平身低頭《へいしんていとう》するほどあやまられたら、ゆるしてあげよう!

2

大胆不敵《だいたんふてき》

敵《てき》を敵とおもわないほど度胸《どきょう》がすわっていること。なにごともおそれず平気《へいき》でいること

【いみ】

おもいきったことをする人に「大胆《だいたん》だね」ということがある。「胆《たん》」は人間の内臓《ないぞう》のことで「きも」ともいい、「大胆」は度胸《どきょう》があること。「不敵《ふてき》」は敵とおもわないこと。度胸があって、なにもおそれないから、スゴイこともできるんだ。

【つかいかた】

「番犬《ばんけん》がいたのに、どろぼうはげんかんからはいったんだ」

「大胆不敵《だいたんふてき》などろぼうだね」

「犯人《はんにん》は**大胆不敵《だいたんふてき》**な手口《てぐち》で犯行《はんこう》をくりかえしていました」というニュースをときどききく。その人の子どものふりをして電話《でんわ》をする「ふりこめサギ」はまさにこのたぐい。悪いことをするのはこまるけど、いいことやあたらしいことにチャレンジするのだったら、**大胆不敵**にどんどんやってみよう。そのくらいのきもちがだいじだ。

なにかにチャレンジするときは大胆不敵《だいたんふてき》なくらいがいい！

2

傍《ぼう》若《じゃく》無《ぶ》人《じん》

まわりの人を気にせず、自分《じぶん》勝手《かって》に行動《こうどう》すること

【いみ】

漢字《かんじ》の意味《いみ》としては、「傍《かたわ》ら（＝自分のそば）に人がいないかのようにふるまうこと」。そこから、まわりに気づかいをしないで自分《じぶん》勝手《かって》にふるまうという意味になった。人にたいする心づかいができないのはよくないことだね。

【つかいかた】

「うわ、あんなところでねてる人がいるよ」
「傍《ぼう》若《じゃく》無《ぶ》人《じん》だね」

まるでそこには自分しかいないように、電車《でんしゃ》のなかで化粧《けしょう》をしたり、おおきな声で電話《でんわ》をしている人をみかけることがあるけれど、この人たちにはまわりにいる人が見えていないのではないかとおもってしまう。こんな**傍《ぼう》若《じゃく》無《ぶ》人《じん》**なたいどはかっこ悪いね。こういう人は想像力《そうぞうりょく》にかけているのだとおもうよ。

自分が傍《ぼう》若《じゃく》無《ぶ》人《じん》になっていないか、ふりかえってみよう！

2

抱《ほう》腹《ふく》絶《ぜっ》倒《とう》

おなかをかかえて、たおれるくらいわらうこと。ものすごくおもしろいこと

【いみ】

「抱腹《ほうふく》」はおなかをかかえること。「絶倒《ぜっとう》」は倒《たお》れてころがるくらいわらうこと。この二つがいっしょになって「おなかをかかえて、倒れてころがるくらいわらうこと」となった。これは人がする動作をそのまま熟《じゅく》語《ご》にして合体《がったい》させたもので、イメージしやすいね。

【つかいかた】

「このあいだみた映画《えいが》、ほんとうにおもしろかったね」
「ほんと、けっさくだったね。ひさしぶりに抱腹絶倒《ほうふくぜっとう》したよ」

抱腹絶倒《ほうふくぜっとう》は、ものすごくおもしろくて笑顔《えがお》やわらい声だけではあらわせないくらい、わらいが体中いっぱいになってあふれてしまうこと。おなかの筋肉《きんにく》がヒクヒクして、しまいにはいたくなって、立っていられないほどおかしいんだから、スカッとするね。キミも**抱腹絶倒**ネタ、考えてみよう。

たのしいことでわらうときは、おもいっきり抱腹絶倒《ほうふくぜっとう》しよう！

2

本《ほん》末《まつ》転《てん》倒《とう》

だいじなこととそうでないことをとりちがえること

【いみ】

「本《ほん》」というのは大きな木の根元《ねもと》のことで、ものごとのだいじなところという意味《いみ》。「末《まつ》」は枝《えだ》や葉のことで、どうでもいいところ、という意味。「だいじなこととそうでないことがひっくりかえっている」ということ。だいじなことをわすれて、どうでもいいことにこだわるという意味だね。

【つかいかた】

「勉強《べんきょう》の予定表《よていひょう》づくりに時間がかかったよ」

「あきれた。それは本末転倒《ほんまつてんとう》だよ」

へやのかたづけをしているとき、小さいころのアルバムがみつかって、ついついおもいでにふけってしまうことってあるよね。だいじなのはへやのかたづけであって、アルバムを見ることじゃない。今なにがだいじなのか、なにをしなくちゃいけないかがわかっていないと、こんなふうに**本末転倒**《ほんまつてんとう》になってしまうんだ。

ちゃんと目的《もくてき》がわかっていれば、本末転倒《ほんまつてんとう》しなくなるよ！

2

用意周到《よういしゅうとう》

準備《じゅんび》がしっかりしていて、こまかいところにまでいきとどいていること

【いみ】

「用意《ようい》」がすみずみにまでいきわたっているという意《い》味《み》。気くばりができて、ぬかりがないことだ。性格《せいかく》がしっかりしていることとものごとへの気づかいができることの両方《りょうほう》の意味がふくまれている。

【つかいかた】

「来週《らいしゅう》の遠足《えんそく》のじゅんび、
もうできてるんだ」
「すごい！　用意周到《よういしゅうとう》だね。
ボクもやらないと」

たとえば遠足のまえの日、キミならどんなじゅんびをするだろう？　おべんとうやすいとういがいに「もし雨がふったら……」「もしころんだら……」と考えて、おりたたみかさやカットバンを用意するとしたら、それが**用意周到《よういしゅうとう》**。そうすれば、なにがおきても安心。たいていのことはクリアできるよ。

用意周到《よういしゅうとう》な人は、わすれものがすくない！

2

優柔不断《ゆうじゅうふだん》

ぐずぐずとまよっていて、なかなか決断《けつだん》できないこと

【いみ】

「優柔《ゆうじゅう》」はぐずぐずとまよっていてはっきりしないこと。「不断《ふだん》」は決断できないこと、おもいきりがよくないこと。漢字《かんじ》だけみると、やさしくてほんわかしたイメージをもつかもしれないけど、どっちかにきめられなくて、にえきらないという意味《いみ》だから注意《ちゅうい》しよう。

1

【つかいかた】

「ファミレスで、なかなか
メニューがきめられなくて…」
「いがいと優柔不断《ゆうじゅうふだん》なんだね。
たしかにまようよね」

ものごとには、どちらかひとつをえらばなきゃいけないときがある。勉強《べんきょう》でもあそびでも恋愛《れんあい》でもそう。まよって優柔不断《ゆうじゅうふだん》になりがちだけど、えらんだり、きめたりしないと、さきにすすめないことはたくさんある。きめなければならないときは「えいっ」ときめよう。なにごとも経験《けいけん》だ。

優柔不断《ゆうじゅうふだん》なままでは、ほしいものが手にはいらないよ!

2

Column コラム

もっと使おう四字熟語

●がんばっているときに

一所懸命《いっしょけんめい》　一つのことに全力をつくすこと

一念発起《いちねんほっき》　心を入れかえて、がんばること

孤軍奮闘《こぐんふんとう》　ひとりでひっしにたたかうこと

刻苦勉励《こっくべんれい》　心身をくるしめるほど努力すること

七転八起《しちてんはっき》　くじけずに努力すること

粉骨砕身《ふんこつさいしん》　力のかぎりがんばること

●うまくいったとき

一石二鳥《いっせきにちょう》　一度に二つをえること

起死回生《きしかいせい》　だめだとおもっていたことがよくなること

順風満帆《じゅんぷうまんぱん》　なにもかもがうまくいくこと

前人未到《ぜんじんみとう》　まだ、だれもやりとげていないこと

前途洋洋《ぜんとようよう》　将来が希望にあふれていること

得意満面《とくいまんめん》　うまくいって、ほこらしげなようす

●ちょっとキツイとき

悪戦苦闘《あくせんくとう》　苦しいなか、たたかうこと

危機一髪《ききいっぱつ》　あと少しでたいへんなことになるのをギリギリでさけること

四苦八苦《しくはっく》　うまくいかずに苦労《くろう》すること

試行錯誤《しこうさくご》　問題《もんだい》を解決《かいけつ》するためにいろいろとためすこと

四面楚歌《しめんそか》　敵《てき》にかこまれて、ひとりでいること

絶体絶命《ぜったいぜつめい》　にげようがない、つらい場面《ばめん》や立場《たちば》

●友だちをほめるとき

才色兼備《さいしょくけんび》　才能《さいのう》と容姿《ようし》にめぐまれていること

正正堂堂《せいせいどうどう》　りっぱなようす

清廉潔白《せいれんけっぱく》　うたがうところがないこと

大胆不敵《だいたんふてき》　ものごとをおそれず平気でいること

天真爛漫《てんしんらんまん》　むじゃきなこと

博覧強記《はくらんきょうき》　知識《ちしき》がゆたかなこと

Chapter 3

おとなもびっくり 四字熟語

一期《いちご》一会《いちえ》

一生に一度のであいだとおもって、そのであいをたいせつにしなさい、ということ

【いみ】

「一期《いちご》」とは仏教《ぶっきょう》のことばで、人が生まれてから死ぬまでの一生のこと。「一会《いちえ》」はたったいちどのであい。人生ではたくさんのであいがあるけれど、一つひとつのであいはいちどきり。そうおもったら、どんなであいもたいせつにしたくなるね。

1

【つかいかた】

「クラスがかわって、あたらしいともだちがたくさんできたよ」
「一期一会《いちごいちえ》だとおもって、友だちをたいせつにするのよ」

おなじクラスの友だちと、この学年《がくねん》で、この教室《きょうしつ》で、いっしょにいられるのは、今しかない。「今」は、一生にいちどしかないから、あとから「ああすればよかった」「こうすればよかった」とこうかいしないように、**一期一会**《いちごいちえ》のきもちで、今をたいせつに、たのしくすごしたいね。

人とのであいは一期一会《いちごいちえ》、一つひとつをたいせつに！

2

因《いん》果《が》応《おう》報《ほう》

いいおこないをすればいい結果《けっか》、悪いおこないをすれば悪い結果になること

【いみ】

これは仏教《ぶっきょう》の考えかたからきたことば。もし「かたづけなんててきとうでいいや！」とおもったら、てきとうにやったとおりの結果になる。だから、あとのことを考えてやりなさいというおしえでもあるんだ。

【つかいかた】

「すきなくだものをひとりじめしたらきょう、おなかがいたくて」「それは因果応報《いんがおうほう》だね。よくばりすぎたんだよ」

たとえだれもみていなくても、かみさまはちゃんとみているから**因果応報**《いんがおうほう》があるんだね。友だちにいやがらせをしたら、自分もされるかもしれない。親《おや》に反抗《はんこう》していたら、将来《しょうらい》、自分の子どもにおなじ目にあわされるかもしれない。ものごとは、めぐりめぐってもとにもどってくるようにできているんだよ。

いいことをすればいいことがかえってくる、これも因果応報《いんがおうほう》!

共存共栄《きょうぞんきょうえい》

ともにたすけあって、協力関係《きょうりょくかんけい》をつくり、ともに栄《さか》えること

【いみ】

「共《とも》に存在《そんざい》し、共に栄える」という意味《いみ》。「共に」というのは、二つ（あるいは二人）以上ならいくつでもいい。手をとったものどうし、みんなでいっしょに協力していく、ということだね。

【つかいかた】

「いっしょにテストの勉《べん》強《きょう》、しようよ」

「そうだね、ボクたちは共《きょう》存《ぞん》共《きょう》栄《えい》の道をいこう」

外国《がいこく》のことわざに、「早くいきたいなら一人でいけ、遠くにいきたいならみんなでいけ」というのがあるんだ。はるか遠くの目標《もくひょう》、大きな目標のためには、一人の力でできることはかぎられている。おおくの人たちと**共存共栄**《きょうぞんきょうえい》して、協力すれば、おおきなパワーが生まれて達成《たっせい》できるんだね。

共存共栄《きょうぞんきょうえい》すれば、ひとりじゃできないこともできるぞ！

2

呉《ご》越《えつ》同《どう》舟《しゅう》

敵《てき》どうしがおなじところにいっしょにいること。また、なかは悪いけど、共通《きょうつう》の目的《もくてき》があれば力をあわせること

【いみ】

むかし中国に「呉《ご》」と「越《えつ》」という国があって、戦争《せんそう》をしていてなかが悪かったんだ。たまたま「呉」の国の人と「越」の国の人が「同じ舟《ふね》」にのってしまったんだけど、そのときだけはケンカしないで舟が無事《ぶじ》につくように協力《きょうりょく》したという話がもとになっている。

【つかいかた】

「ライバルとおなじグループになるなんて…」
「まさに、呉越同舟《ごえつどうしゅう》だね」

もし、なかのわるい友だちと二人でのったエレベーターが緊急停止《きんきゅうていし》してとじこめられたら、キミはどうするだろう。「**呉越同舟**《ごえつどうしゅう》の気分《きぶん》だな。いやだな」と一人でじっとしている？　それともどうやってたすけてもらうかを話しあう？　いつもはその友だちが「敵《てき》」だけど、こんなときはその友だちと「仲間《なかま》」になるのがいいね。

たすけあえれば、呉越同舟《ごえつどうしゅう》も悪くない！

2

四《し》面《めん》楚《そ》歌《か》

まわりを敵《てき》にかこまれて、
味方もいなくて、
ひとりぼっちになっていること

【いみ】

「四面《しめん》」とは前・後・左・右という自分のまわりぜんぶの方向。昔、中国に「楚《そ》」という国の将軍《しょうぐん》がいて、敵においつめられてしまったとき、敵が「楚」のうたをうたう声がきこえてきた。それをきいた将軍は仲間がみんな降参《こうさん》してしまったとおもってなげいたという話がもとになっている。

1

【つかいかた】

「ドリブルしてたら、いつのまにか敵《てき》にかこまれちゃってさ…」
「四面楚歌《しめんそか》だったんだね」

「一人ぼっち」という意味《いみ》にとらえると、さびしくかんじるけれど、「ひとりぼっち」はパワーを発揮《はっき》して強くなれるときなんだよ。ボクは大学院生のとき、「だれもやったことのない、スゴイ研究《けんきゅう》をしてやるぞ」とおもって、一人でがんばっていたことがあった。わかってくれる人がいなかったから、**四面楚歌《しめんそか》**だった。でも、だからこそかくごをきめて、勉強《べんきょう》することができたんだ。

四面楚歌《しめんそか》のときは、なんとかきりぬける方法を考えよう！

2

千《せん》載《ざい》一《いち》遇《ぐう》

めったにないすばらしいチャンスがおとずれること

【いみ】

「千載《せんざい》」は「千年」。「一遇《いちぐう》」は「いちどだけあうこと」。千年にいちどしかであえないくらい、貴重《きちょう》ですばらしいチャンスがきたということだね。百年にいちどだと長生きすればあえそうだし、一万年にいちどだとゼッタイあえない。千年くらいだとラッキーなかんじがつたわるよね。

1

【つかいかた】

「駅《えき》でテレビの撮影《さつえい》をやってて、芸能人《げいのうじん》がいっぱいいたよ」
「すごいね、サインをもらう千載一遇《せんざいいちぐう》のチャンスだな」

「チャンスのかみさま」って、知ってるかな。ちょっとユニークなすがたで、まえがみしかなくて、うしろはツルツルなんだ。このかみさまがこっちにむかってきたら、すぐにまえがみをつかまないといけない。うしろがみがないから、まえがみをつかまないとにげられてしまう。**千載一遇**《せんざいいちぐう》のチャンスって、そういうものだ。

千載一遇《せんざいいちぐう》のチャンスをのがさないようにしよう！

2

前《ぜん》代《だい》未《み》聞《もん》

今までだれもきいたことがないようなめずらしいこと

【いみ】

「前代《ぜんだい》」は今よりまえの時代、つまり過去《かこ》のこと。「未聞《みもん》」は聞《き》いたことがないという意味《いみ》。この二つがいっしょになって、過去にだれ一人として聞いたことがないような、ありえないくらいめずらしいことにたいしてつかうことば。「**前代未聞**《ぜんだいみもん》の事件《じけん》」なんていうのがそれだね。

【つかいかた】

「動物園《どうぶつえん》のさるのボスが木から池におちたんだって」

「あらら。それは前代未聞《ぜんだいみもん》の事件《じけん》だよ」

「犬が人間にかみついた」ならよくあるけど、「人間が犬にかみついた！」なら**前代未聞**《ぜんだいみもん》だ。「くいしんぼうの○○くんが給食《きゅうしょく》をのこした」みたいに「そんなことあるわけない」とおもっていた**前代未聞**のことがおきたりする。みんなが「こうなるはず」とおもっていることが「こうならない」と、おどろいたり、おもしろがったりするんだね。

前代未聞《ぜんだいみもん》のことがおきるから、人生《じんせい》はおもしろい！

2

朝《ちょう》令《れい》暮《ぼ》改《かい》

指示《しじ》や命令《めいれい》がコロコロかわって、あてにならないこと

【いみ】

朝につたえた命令《めいれい》が、夕方には改《あらた》まってかわってしまうこと。一日もたたずにかわってしまうことから「すぐにコロコロとかわってしまい、信頼《しんらい》できず、あてにならない」という意味《いみ》になった。指示《しじ》や命令は責任《せきにん》のある人が責任をもってすべきものだから、このことばが生まれたんだね。

【つかいかた】

「さっき勉強《べんきょう》しろっていったのに、こんどは外であそべだって」「いうことがコロコロかわって、朝令暮改《ちょうれいぼかい》だね」

「どうせまたいうことがかわるんでしょ」といわれている人は、要注意《ようちゅうい》。そういう人は、「また**朝令暮改**《ちょうれいぼかい》だ」といわれて、なかなか信用《しんよう》されない。でも、「あのときはたしかにそうおもったけど、あとになってよく考えたらそうじゃなかった」ということはよくあるもの。悪気《わるぎ》があるわけではないこともおおいんだね。

政治家《せいじか》の発言《はつげん》は朝令暮改《ちょうれいぼかい》がおおいから注意《ちゅうい》しよう！

電《でん》光《こう》石《せっ》火《か》

うごきがものすごく
早いことのたとえ

【いみ】

「電光《でんこう》」は稲妻《いなづま》（カミナリ）のこと、「石火《せっか》」は石をうってでる炎《ほのお》のこと。光や火はとてもすばやいので、人の目にはとまらないくらいはやいことや、あっというまのことを**電光石火《でんこうせっか》**というようになったんだ。

1

【つかいかた】

「あっというまにシュートをきめたね！」

「すごい！　電光石火《でんこうせっか》のこうげきだな」

サッカーの試合《しあい》で、いっしゅんのスキをついてボールをうばい、一気《いっき》にドリブルでせめこんでいくというシーンをみたことがあるかな。目にもとまらぬはやわざで、これこそ**電光石火**《でんこうせっか》のこうげきだね。「あっ」とおもったときにはもう、イナズマみたいにすぎさっていくということなんだ。

キミが電光石火《でんこうせっか》でにげたくなるのはどんなときだろう？

当《とう》意《い》即《そく》妙《みょう》

その場やふんいきにあわせて
気のきいたことをいうこと

【いみ】

「当《と》意《う》《い》」はその場にあたってすぐに考えること。「即妙《そくみょう》」はすばやくおもいついたよい考えのこと。「妙《みょう》」は「ちょっとヘン」という意味《いみ》だとおもうかもしれないけど、それ以外にも「絶妙《ぜつみょう》」というように「すぐれたもの」という意味もあるんだ。

1

【つかいかた】

「このあいだ、たまたまいった
ひとことがすごくウケたんだ」
「当意即妙《とういそくみょう》のうけこたえが
よかったんだね」

お笑《わら》い芸人《げいにん》さんたちはウケをねらってしゃべるから、**当意即妙《とういそくみょう》**のセンスが仕事《しごと》ともいえる。かれらは「この場にいる人たちが『いいね、おもしろいね』とおもうこと」を考えてしゃべっているんだからね。こんど、テレビでお笑い芸人の番組《ばんぐみ》をみるときは、**当意即妙**のおもしろさをチェックしてみるといいかもね。

当意即妙《とういそくみょう》は、そのしゅんかんのひらめきがすべてだ！

2

百《ひゃく》戦《せん》錬《れん》磨《ま》

おおくの経験《けいけん》をかさねて、実力《じつりょく》をみがくこと

【いみ】

「百戦《ひゃくせん》」というのは百回の戦《たたか》いではなく「おおくの戦い」という意味《いみ》。「百」ということで「たくさん」をあらわしているんだね。「錬磨《れんま》」は力や技術《ぎじゅつ》、精神《せいしん》をきたえて向上《こうじょう》させるという意味。じょうずになるには、おおくの経験《けいけん》をかさねることがだいじなんだ。

1

【つかいかた】

「あの先輩《せんぱい》、どんなボールでもキャッチできるね」

「百戦錬磨《ひゃくせんれんま》だから、すごいんだよ」

おなじことを何回《なんかい》もくりかえしていたら、知らないうちにじょうずにできるようになる。それは、やることに「なれる」からなんだ。回数《かいすう》がふえるごとに、かならずまえよりうまくなる。うまくなると自信《じしん》がつく。自信がつくとほかのこともできるようになる。そのつみかさねだ。だから**百戦錬磨《ひゃくせんれんま》**は効果《こうか》があるんだ。

実戦《じっせん》あるのみ！
戦《たたか》って戦って戦うしかない！
ハイ

2

うまくなりたいことがあったら、百戦錬磨《ひゃくせんれんま》できたえよう！

粉《ふん》骨《こつ》砕《さい》身《しん》

ひっしに努力《どりょく》すること。
自分の力のかぎり、がんばること

【いみ】

これは仏教《ぶっきょう》のことば。意味《いみ》は漢字《かんじ》のとおりで、「骨《ほね》が粉々《こなごな》になる、体がくだける」。そこから、「自分のことなんてどうでもいいくらい、必死《ひっし》に努力《どりょく》しつづけること」という意味《いみ》になった。どんなにツラくてもがんばりとおすというかんじだね。

【つかいかた】

「キミは、勉強《べんきょう》もスポーツもなんでもがんばるんだね」

「ことしは粉骨砕身《ふんこつさいしん》するってきめたからね」

ボクは学生のとき、一日十時間、ぜんぶで四日間かけて、ぶあつい問題集《もんだいしゅう》をやるときめたことがあるんだ。はじめはわからないことばかりだったけど、やっているうちにすこしずつわかるようになってきた。そしておわったときには、その科目《かもく》がすきになっていたんだ。**粉骨砕身《ふんこつさいしん》**でやった成果《せいか》だね。

粉骨砕身《ふんこつさいしん》してがんばったさきには、強い自分がまってるぞ！

2

面《めん》目《もく》躍《やく》如《じょ》

その人らしくいきいきとしていて、きちんと評価《ひょうか》されること

【いみ】

「面目《めんもく》」とは、世間《せけん》での立場《たちば》や評価《ひょうか》。ミスをしたときに「面目ない」といったりするよね。「躍如《やくじょ》」はいきいきとしていること。みんなにほめられると、イキイキして立場《たちば》がよくなり、もっとがんばってもっとたのしくなる、ということ。

【つかいかた】

「早食《はやぐ》いきょうそうで一位になったよ」

「さすが学校《がっこう》一《いち》大食《おおぐ》いの面目躍如《めんもくやくじょ》だね」

大食《おおぐ》いをうりにテレビで活躍《かつやく》しているタレントさんが、じつは調理師《ちょうりし》の免許《めんきょ》をもっていて、結婚《けっこん》したダンナさんを十キロもダイエットさせた、という話をきいたとき、「ただの大食いじゃないんだ。たべもののことをしりつくしているんだ。まさに**面目躍如**《めんもくやくじょ》だなあ」とおもった。自分が得意《とくい》な分野の知識をいかすときちんと評価されるんだね。

キミの面目躍如《めんもくやくじょ》はなんだろう？　かならずあるはずだよ！

2

竜《りゅう》頭《とう》蛇《だ》尾《び》

はじめはいきおいがいいけれど、
あとになるにつれていきおいが
なくなること

【いみ】

漢字《かんじ》は「竜《りゅう》の頭」と「蛇《へび》のしっぽ」。頭が竜のように大きくて、しっぽが蛇のようにほそいということ。はじめはいきおいがあっていいけれど、おわりのほうはしょぼいかんじになっていく。はじめがあまりによかったぶん、おわりがよけいにダメなかんじがするんだね。

【つかいかた】

「さいしょはよかったけど、だんだん自《じ》信《しん》がなくなってさ…」

「それじゃあ竜《りゅう》頭《とう》蛇《だ》尾《び》だよ、ざんねんだったね」

はじめだけよくてあとから尻《しり》すぼみになっていくのはたしかにカッコ悪い。じゃあ、はじめはたいしたことがなくて、あとになってよくなるほうがいい？　そういうものでもないね。ボクは、**竜《りゅう》頭《とう》蛇《だ》尾《び》**って悪いことばかりじゃないとおもっているんだ。はじめがちゃんとしていなければ、道はひらけないからね。

竜《りゅう》頭《とう》蛇《だ》尾《び》にならないように、しっかりじゅんびをしよう！

2

和《わ》気《き》藹《あい》藹《あい》

みんながなかよくしていて、なごやかなようす

【いみ】

「和《わ》」というのは「平和」にもつかわれるように、なごやかという意味《いみ》がある。「和気《わき》」はなごやかな気分《きぶん》のこと。「藹藹《あいあい》」は心がやすらいでいるようす。なごやかでやすらぎがあるときというのは、みんながなかよくしているときなんだね。

【つかいかた】

「ウチのクラスは
みんななかがいいよね」

「そうだね、いつも
和気藹藹《わきあいあい》としてるよね」

和気藹藹《わきあいあい》は、クラスのだれとでもしゃべることができて、いつもみんながたのしそうにしているようなこと。きまった人としかなかよくしないというのとはちがうね。だれとでもたのしくできれば、席《せき》がえしたって、グループわけしたって心配《しんぱい》ない。みんなとなかよくできるっていうことは、そのくらいたのしくて安心《あんしん》なものなんだ。

和気藹藹《わきあいあい》としたふんいきなら、しあわせなきもちになるよ！

2

小学生が知っておきたい
四字熟語180

あ

悪《あっ》口《こう》雑《ぞう》言《ごん》　いろいろと悪口《わるぐち》をいうこと

暗《あん》中《ちゅう》模《も》索《さく》　手さぐりしながらためすこと

い

意《い》気《き》揚《よう》揚《よう》　げんきいっぱいなようす

一《いち》意《い》専《せん》心《しん》　ひとつのことに集中《しゅうちゅう》すること

一《いち》言《げん》居《こ》士《じ》　意見《いけん》をいわずにいられない人

一《いち》言《ごん》半《はん》句《く》　ほんのわずかなことば

一《いち》日《じつ》千《せん》秋《しゅう》　一日がながくおもえること

一《いち》念《ねん》発《ほっ》起《き》　心をかえて、がんばること

一《いち》部《ぶ》始《し》終《じゅう》　はじまりからおわりまで

一《いち》望《ぼう》千《せん》里《り》　とおくまでみわたせること

一目瞭然《いちもくりょうぜん》
ひと目でわかること

一問一答《いちもんいっとう》
一つの問《と》いに一つのこたえ

一陽来復《いちようらいふく》
よいことがやってくること

一利一害《いちりいちがい》
いいことも悪いこともあること

一蓮托生《いちれんたくしょう》
仲間《なかま》とともに行動《こうどう》すること

一攫千金《いっかくせんきん》
いちどにおおもうけすること

一気呵成《いっきかせい》
ひと息で文章《ぶんしょう》をかくこと

一騎当千《いっきとうせん》
バツグンにすぐれていること

一挙一動《いっきょいちどう》
一つひとつのうごき

一挙両得《いっきょりょうとく》
一つで二つをえること

一切合切《いっさいがっさい》
なにもかもすべて

一触即発《いっしょくそくはつ》
危険《きけん》がさしせまっていること

一進一退《いっしんいったい》
すすんだりもどったりすること

一心同体《いっしんどうたい》
心も体も一つになること

一世一代《いっせいちだい》
一生に一度のこと

一朝一夕《いっちょういっせき》
わずかな時間

一刀両断《いっとうりょうだん》
きっぱりと決断《けつだん》すること

一得一失《いっとくいっしつ》
得《とく》も損《そん》もあるということ

威風堂堂《いふうどうどう》
どうどうとりっぱなこと

意味深長《いみしんちょう》
べつの意味《いみ》があるようす

(う)

右往左往《うおうさおう》 あたふたと混乱《こんらん》しているようす

有象無象《うぞうむぞう》 くだらないものや人

海千山千《うみせんやません》 経験《けいけん》ほうふでずるがしこいこと

紆余曲折《うよきょくせつ》 事情《じじょう》がこみいっていること

雲散霧消《うんさんむしょう》 あとかたもなくきえること

(え)

栄枯盛衰《えいこせいすい》 さかえたり、おとろえたり

(お)

傍目八目《おかめはちもく》 まわりの人の判断《はんだん》が正しいこと

温故知新《おんこちしん》 古いことから新しい考えをえること

音信不通《おんしんふつう》 れんらくのないこと

(か)

開口一番《かいこういちばん》 話しはじめて、すぐいうこと

快刀乱麻《かいとうらんま》 ふくざつな問題《もんだい》を解決《かいけつ》すること

臥薪嘗胆《がしんしょうたん》 目的《もくてき》のため、つらさにたえること

花鳥風月《かちょうふうげつ》 自然のうつくしいふうけい

画竜点睛《がりょうてんせい》 しあげるのにだいじなしごと

感慨無量《かんがいむりょう》 しみじみとしたきもち

緩急自在《かんきゅうじざい》 おもうままにあやつること

勧善懲悪《かんぜんちょうあく》 悪いおこないをこらしめること

完全無欠《かんぜんむけつ》 かんぺきなこと

(き)

起承転結《きしょうてんけつ》 文や話のくみたて方のこと

牛飲馬食《ぎゅういんばしょく》 たくさんたべてのむこと

九死一生《きゅうしいっしょう》
いのちびろいすること

旧態依然《きゅうたいいぜん》
むかしのまま、かわらないこと

急転直下《きゅうてんちょっか》
きゅうにかわって
解決《かいけつ》すること

興味津津《きょうみしんしん》
興味《きょうみ》をつよくもつこと

玉石混淆《ぎょくせきこんこう》
いいものと悪いものが
まざること

金科玉条《きんかぎょくじょう》
まもらなければならない
きそく

く

空前絶後《くうぜんぜつご》
たいへんめずらしいこと

苦心惨憺《くしんさんたん》
あれこれ心をくだいて
なやむこと

け

軽佻浮薄《けいちょうふはく》
軽《かる》はずみで
ちょうしがよいこと

言行一致《げんこういっち》
ことばと行動《こうどう》がおなじこと

こ

厚顔無恥《こうがんむち》
ずうずうしく
恥《はじ》を知らないこと

広大無辺《こうだいむへん》
はてしなくひろいこと

公平無私《こうへいむし》
自分の得《とく》だけを考えないこと

古今東西《ここんとうざい》
いつでもどこでも

虎視眈眈《こしたんたん》
じっとチャンスをまつこと

小春日和《こはるびより》
初冬《しょとう》の、春のように
あたたかい日

五分五分《ごぶごぶ》
二つとも、
おなじくらいであること

孤立無援《こりつむえん》
一人ぼっちでたすけがないこと

さ

再三再四《さいさんさいし》
たびたび、しばしば

才色兼備《さいしょくけんび》
うつくしく才能《さいのう》のある
女性《じょせい》のこと

三《さん》寒《かん》四《し》温《おん》
だんだんとあたたかくなること

三《さん》拝《ぱい》九《きゅう》拝《はい》
なんども頭をさげてたのむこと

し

四《し》角《かく》四《し》面《めん》
まじめなこと

時《じ》期《き》尚《しょう》早《そう》
はやすぎること

自《じ》給《きゅう》自《じ》足《そく》
生活にひつようなものを自分で作ること

時《じ》代《だい》錯《さく》誤《ご》
時代おくれなこと

七《しち》転《てん》八《はっ》起《き》
なんどダメでもくじけないこと

七《しち》転《てん》八《ばっ》倒《とう》
いたみがはげしくてもがくこと

質《しつ》実《じつ》剛《ごう》健《けん》
まじめでたくましいこと

杓《しゃく》子《し》定《じょう》規《ぎ》
ゆうずうがきかないこと

縦《じゅう》横《おう》無《む》尽《じん》
自由にうごきまわること

終《しゅう》始《し》一《いっ》貫《かん》
ずっとかわらないこと

自《じ》由《ゆう》自《じ》在《ざい》
おもいのままにできること

主《しゅ》客《かく》転《てん》倒《とう》
人の立場などが逆《ぎゃく》になること

首《しゅ》尾《び》一《いっ》貫《かん》
はじめからおわりまで考え方がかわらないこと

盛《じょう》者《しゃ》必《ひっ》衰《すい》
勢《いきお》いがよくてもいつかおとろえること

正《しょう》真《しん》正《しょう》銘《めい》
ほんものであること

枝《し》葉《よう》末《まっ》節《せつ》
それほど大切ではないこと

初《しょ》志《し》貫《かん》徹《てつ》
最初のきもちでやりとおすこと

支《し》離《り》滅《めっ》裂《れつ》
めちゃくちゃなこと

心機一転《しんきいってん》　あるキッカケでよくなること

神出鬼没《しんしゅつきぼつ》　あらわれたりきえたりすること

新進気鋭《しんしんきえい》　あらたに活躍《かつやく》しはじめた人のこと

森羅万象《しんらばんしょう》　ありとあらゆるもの

す

頭寒足熱《ずかんそくねつ》　頭を涼《すず》しくし足をあたためること

せ

晴耕雨読《せいこううどく》　のんびりおだやかにくらすこと

正正堂堂《せいせいどうどう》　正しくりっぱなようす

青天白日《せいてんはくじつ》　うしろめたいことがないこと

清廉潔白《せいれんけっぱく》　きよく、うたがいがないこと

責任転嫁《せきにんてんか》　人の責任にしてしまうこと

絶体絶命《ぜったいぜつめい》　せっぱつまったようす

千客万来《せんきゃくばんらい》　たえず多くの客がくること

前後左右《ぜんごさゆう》　自分のまわりぜんぶのこと

前後不覚《ぜんごふかく》　わけがわからなくなること

千差万別《せんさばんべつ》　さまざまであること

先手必勝《せんてひっしょう》　先にせめれば、かてるということ

前途多難《ぜんとたなん》　行く先に多くの困難《こんなん》があること

前途洋洋《ぜんとようよう》　将来《しょうらい》が希望《きぼう》にみちているようす

そ

創意工夫《そういくふう》　いろいろな方法を考えること

即断即決《そくだんそっけつ》　その場でさっときめること

た

大願成就《たいがんじょうじゅ》　おおきなのぞみがかなうこと

大器小用《たいきしょうよう》　つまらない仕事をさせること

大義名分《たいぎめいぶん》　もっともな理由《りゆう》

大言壮語《たいげんそうご》　おおげさにいばっていうこと

泰然自若《たいぜんじじゃく》　おちついていて動《どう》じないこと

大同小異《だいどうしょうい》　だいたいおなじであること

多事多難《たじたなん》　おおくの事件《じけん》や困難《こんなん》があること

多種多様《たしゅたよう》　さまざまであること

単純明快《たんじゅんめいかい》　かんたんでわかりやすいこと

ち

朝三暮四《ちょうさんぼし》　ごまかして相手をだますこと

猪突猛進《ちょとつもうしん》　まっしぐらにつきすすむこと

沈思黙考《ちんしもっこう》　じっとだまって考えること

つ

津津浦浦《つつうらうら》　日本全国いたるところ

て

徹頭徹尾《てっとうてつび》　はじめからおわりまで

手前味噌《てまえみそ》　自分で自分をほめること

天衣無縫《てんいむほう》　かざりけがなく、むじゃきなこと

天下一品《てんかいっぴん》　すぐれているもののこと

天下泰平《てんかたいへい》　おだやかで平和なこと

天下無双《てんかむそう》　すぐれていること

天真爛漫《てんしんらんまん》　むじゃきなようす

天変地異《てんぺんちい》
大雨や地震《じしん》などの自然界の異変《いへん》

と

同床異夢《どうしょういむ》
仲間《なかま》でも考えはちがうこと

東奔西走《とうほんせいそう》
あちこちに走りまわること

な

内憂外患《ないゆうがいかん》
内側《うちがわ》も外側《そとがわ》も心配ごとがおおいこと

難行苦行《なんぎょうくぎょう》
ひどく苦労《くろう》すること

南船北馬《なんせんほくば》
いつもいそがしく旅《たび》すること

に

二者択一《にしゃたくいつ》
二つのうち、一つをえらぶこと

二束三文《にそくさんもん》
ねだんが安いこと

日常茶飯《にちじょうさはん》
毎日おこる、ありふれたこと

日進月歩《にっしんげっぽ》
進歩《しんぽ》していること

は

破顔一笑《はがんいっしょう》
顔をほころばせてわらうこと

波瀾万丈《はらんばんじょう》
ものごとの変化《へんか》がはげしいこと

罵詈雑言《ばりぞうごん》
ののしること

半死半生《はんしはんしょう》
死にかかっていること

ひ

百戦百勝《ひゃくせんひゃくしょう》
どんな戦《たたか》いでもかつこと

百発百中《ひゃっぱつひゃくちゅう》
計画《けいかく》が予想《よそう》どおりになること

表裏一体《ひょうりいったい》
二つのものが切りはなせないこと

品行方正《ひんこうほうせい》
りっぱできちんとしていること

ふ

風光明媚《ふうこうめいび》
とてもうつくしいけしき

不即不離《ふそくふり》
つかずはなれずの距離《きょり》にあること

不眠不休《ふみんふきゅう》 やすまず物事をおこなうこと

不老長寿《ふろうちょうじゅ》 年をとらず、長生きすること

不老不死《ふろうふし》 年をとって、死なないこと

文武両道《ぶんぶりょうどう》 学問《がくもん》と武道《ぶどう》の両方《りょうほう》がすぐれていること

㊅

平穏無事《へいおんぶじ》 おちついているようす

平平凡凡《へいへいぼんぼん》 ごくふつうのこと

変幻自在《へんげんじざい》 変わりみがはやいこと

㊥

暴飲暴食《ぼういんぼうしょく》 むやみに飲みくいすること

㊮

満身創痍《まんしんそうい》 体も心もきずだらけであること

㊯

三日坊主《みっかぼうず》 あきっぽくて長続きしないこと

㊰

無為無策《むいむさく》 なにもできず見ているだけのこと

無芸大食《むげいたいしょく》 たくさん食べるだけの人

無病息災《むびょうそくさい》 健康《けんこう》であること

無味乾燥《むみかんそう》 おもしろみがなく、つまらないこと

㊳

明鏡止水《めいきょうしすい》 おちついたこころのようす

名誉挽回《めいよばんかい》 うしなった信用をとりかえすこと

㊴

門外不出《もんがいふしゅつ》 たいせつにしまっておくこと

㊵

唯我独尊《ゆいがどくそん》 自分がえらいとうぬぼれること

有言実行《ゆうげんじっこう》 口にしたことを実行すること

優勝劣敗《ゆうしょうれっぱい》 すぐれた人が勝つこと

有名無実《ゆうめいむじつ》
有名だが、中身がよくないこと

勇猛果敢《ゆうもうかかん》
いさましくたちむかうこと

悠悠自適《ゆうゆうじてき》
のんびりすごすこと

よ

羊頭狗肉《ようとうくにく》
外見はリッパでも中身がないようす

り

離合集散《りごうしゅうさん》
集まったり別れたりすること

立身出世《りっしんしゅっせ》
たかい地位を手にいれること

粒粒辛苦《りゅうりゅうしんく》
じみちに努力《どりょく》すること

理路整然《りろせいぜん》
筋道《すじみち》がとおっていること

ろ

老若男女《ろうにゃくなんにょ》
わかい人からおとしよりまでみんな

わ

和魂洋才《わこんようさい》
日本の精神《せいしん》で西洋《せいよう》の学問を学ぶこと

おわりに

さいごまでよんでくれたみんな、どうだったかな？
「ぜんぜん、おぼえきれない」なんておちこまなくていい。
意味《いみ》をおぼえていなくても、一つひとつの漢字《かんじ》をみて、
「こんなかんじだったかな」とわかるようになっていたり、
マンガのオチをたのしめただけでOK。
あとは、どんどんつかっていこう！
つかっているうちにおぼえていくものなんだ。

四字熟語《よじじゅくご》は、口にしていったりつかったりすることで、
心がおちついたり、まよいがきえたりすることがある。
「もうダメかも……」とおもったときは、「起死回生《きしかいせい》」を
おもいだせば、もうひとふんばりできる。「いいぞ！　い
いぞ！」というときは、「順風満帆《じゅんぷうまんぱん》！」と声にだせば、な

んだかぐんぐんまえにすすむ気がする。

それが、「ことばの力」。

ことばを声にだすと、その声は自分にもきこえるよね。ことばは、あいてにつたえるだけじゃなくて、じつはキミ自身へのメッセージでもあるんだ。とくに四字熟語は、四つの漢字すべてに意味があって、四つで一つの意味を作っているから強力だ。

勉強とか暗記《あんき》とおもわずに、四字熟語となかよくなって、キミの強力《きょうりょく》な味方《みかた》にしていこう。

齋藤孝

齋藤孝

1960年生まれ。東京大学法学部卒業。同大学院教育学研究科博士課程を経て、明治大学文学部教授。専門は教育学、身体論、コミュニケーション論。著者に『これでカンペキ！ マンガでおぼえる』シリーズ、『子どもの日本語力をきたえる』など多数。NHK Eテレ「にほんごであそぼ」総合指導。

編集協力
佐藤恵

ブックデザイン
野澤享子（permanent yellow orange）

イラスト
ヨシタケシンスケ（カバー）
漆原冬児（本文）

これでカンペキ！ マンガでおぼえる四字熟語

発行日　2012年5月10日　第1刷発行
　　　　2024年1月15日　第10刷発行
著　者　齋藤孝
発行者　小松崎敬子
発行所　株式会社 岩崎書店
　　　　東京都文京区水道1-9-2
　　　　〒112-0005
　　　　電話　03（3812）9131［営業］
　　　　　　　03（3813）5526［編集］
　　　　振替　00170-5-96822
印刷所　株式会社光陽メディア
製本所　株式会社若林製本工場

©2012 Takashi Saito
Published by IWASAKI Publishing Co.,Ltd.
Printed in Japan
ISBN978-4-265-80206-7 NDC814

岩崎書店ホームページ
https://www.iwasakishoten.co.jp
ご意見をお寄せください info@iwasakishoten.co.jp

乱丁本・落丁本はお取り替えいたします。

本書のコピー、スキャン、デジタル化等の無断複製は著作権法上での例外を除き禁じられています。本書を代行業者等の第三者に依頼してスキャンやデジタル化することは、たとえ個人や家庭内の利用であっても一切認められておりません。朗読や読み聞かせ動画の無断での配信も著作権法で禁じられています。ご利用を希望される場合には、著作物利用の申請が必要となりますのでご注意ください。

「岩崎書店 著作物の利用について」

https://www.iwasakishoten.co.jp/news/n10454.html